EXAM *Revision* NOTES

AS/A-LEVEL
French

Joe Jannetta   *2nd Edition*

Philip Allan Updates, an imprint of Hodder Education, part of Hachette UK,
Market Place, Deddington, Oxfordshire OX15 0SE

Orders

Bookpoint Ltd, 130 Milton Park, Abingdon, Oxfordshire OX14 4SB
tel: 01235 827827
fax: 01235 400401
e-mail: education@bookpoint.co.uk
Lines are open 9.00 a.m.–5.00 p.m., Monday to Saturday, with a 24-hour
message answering service. You can also order through the Philip Allan
Updates website: www.philipallan.co.uk

ISBN 978-0-340-94924-5

First printed 2008
Impression number 5 4 3
Year 2013 2012 2011

Printed in India

Hachette UK's policy is to use papers that are natural, renewable and
recyclable products and made from wood grown in sustainable forests. The
logging and manufacturing processes are expected to conform to the environmental regulations of the country of origin.

Contents

Introduction 1

Chapter 1 Vocabulary

A Society and social problems 6
B Health 8
C The media 10
D Transport 13
E The environment 15
F Family relationships 17
G Education 19
H Technology 21
I Leisure 23
J The arts 24
K Politics 27
L Geography 29
M Multicultural society 32
N The European Union 34
O Common vocabulary problems 38

Chapter 2 Verbs

A Tenses: forms and basic meanings 43
B The uses of the tenses 44
C Notes on tenses 47
D The forms of the subjunctive 50
E The uses of the subjunctive 51
F The passive 52
G The imperative 53
H The present participle 53
I Impersonal forms of verbs 54
J The infinitive 55
K Negative forms 57
L Interrogative forms 58

Chapter 3 Other grammar items

A Articles 59
B The plural of nouns 62
C Adjectives 62
D The comparative 64
E The superlative 65
F Demonstrative adjectives 65
G Indefinite adjectives 65

H Possessive adjectives 66
I The interrogative adjective ('quel') 67
J Adverbs 67
K Interrogative pronouns ('comment' and 'quand') 69
L Quantifiers, intensifiers ('assez', 'beaucoup', 'très') 70
M Pronouns 70
N Indirect speech 77
O Inversion after speech 77
P Prepositions 78
Q Conjunctions 79
R Numerals 79
S Time 81

Chapter 4 Speaking

A Multimedia 83
B Crime 84
C The third age 85
D Marriage 86
E Leisure 86
F Holidays 87
G Teachers and students 88
H The internet 89
I Literature 89
J Television 90
K Feminism 91
L The media 92
M Environment and pollution 92
N The European Union 93
O Health and fitness 94
P Travel 95
Q Post-16 education 95

Chapter 5 Revising for the research-based essay in Unit 4

A Study of a region: la région Centre 97
B Study of Projet Ariane 102
C Study of the occupation of France, 1940–44 106
D Study of a painter: Édouard Manet 113
E Study of transport in France 117
F Study of the environment 121
G Revising a literary text 128

Introduction

What you will find in these notes

Everything in these notes is related to the new specifications for AS and A2 exams. Most of it is common to the specifications of all of the three main examining bodies.

Essential vocabulary for the general topics and all the grammar items listed in the specifications are provided here. The dialogues in the speaking section and the topics outlined in Chapter 5 are representative of what is prescribed in the specifications.

In every chapter of these notes you will find numerous examples in French. These will help you to remember vocabulary and grammar and will provide you with models which you will be able to integrate into all parts of your work.

The contents of the chapters

Chapter 1 Vocabulary
- Vocabulary lists for each of 15 topics, A–O.
- After each vocabulary list there are specimen sentences and specimen paragraphs with an English translation. The final section, O, comprises:
  - (i)   recognition of gender of nouns
  - (ii) pairs of words spelled the same which change meaning according to their gender
  - (iii) words that are often incorrectly spelled
  - (iv) words that cause difficulties for candidates in AS/A2 exams

Chapter 2 Verbs
This is subdivided into:
- the formation and meanings of the tenses, including the tenses of the subjunctive and the passive
- the uses of the tenses and other parts of the verb

Chapter 3 Other grammar items
The grammar items are given in the same order as in the grammar lists in the specifications of the three main examining bodies.

Chapter 4 Speaking
This comprises 17 specimen dialogues (A–Q) between an examiner and a candidate, on a variety of topics.

Chapter 5 Revising for the research-based essay in Unit 4
This consists of the outlines of six A2 topics and suggestions for the revision of a literary text. There are numerous pieces of French text and maps where relevant.

Using these notes

Vocabulary

The topic lists are not exhaustive and you can always add to them yourself. If you do, be careful not to overload the lists. When you are revising the vocabulary for a topic, read and learn the sentences and paragraphs that follow the vocabulary list. These show you the vocabulary used in context and will help you to remember the words in the list.

Verbs

The conjugations of the main irregular verbs are not given here but you will have no difficulty in finding them in any of your reference books. Make sure you revise these. You might, however, want to use these notes first to clear up any confusion regarding tense formation and meaning. Tenses are often incorrectly used by students in examinations. This applies particularly to the imperfect and perfect tenses and to tenses in 'si' clauses. These are explained in these notes, with examples. Learn these examples so that you can use the correct tense with confidence.

Speaking

The dialogues in Chapter 4 of these notes are not transcriptions of parts of real oral exams, but they give a good idea of the kinds of questions posed by the examiner and suitable answers given by the candidate.

Revising for the research-based essay

You can use the outlines of studies provided in Chapter 5 of these notes to prepare for the research-based essay in Unit 4. There is enough suitable material to serve as a basis for the topic section of the speaking tests at AS. The last section, 'Revising a literary text', is different from the others in that it contains a vocabulary list and is not specific to any one text.

Practising language skills

Reading: you can use the texts in these notes to practise all the tasks related to reading: translation from French to English, reading comprehension (you can make up your own questions) and summarising in English.

Listening: if you get someone (preferably a French native speaker) to record them, you can use the same texts for listening comprehension.

Writing: you can integrate the texts — including the sentences — into your written work and use them for retranslation from English to French.

Speaking: try to find someone with whom you can act out the dialogues. Use the supplementary questions to continue and develop the dialogues.

General tips on revising

- **Keep to a routine.** Revise verbs, other grammar and vocabulary on a regular basis. Set aside a period of time every day.

- **Choose the ideal conditions.** If you need to use reference materials, or if you are writing, revise at a desk or table. Reduce distractions to a minimum.

- **Test yourself regularly.** You will not really know that you have learned something until you have been tested.

- **Plan your revision.** Use your time economically. Early on in your programme, eliminate what you know well. Make a timetable so that your revising fits in with the exam timetable. If the speaking tests come before the written papers, make sure you allow enough time for them. Vocabulary and grammar revision cannot be done a week before the exam, so spread it over an adequate period of time.

How to find items in these notes

Before you start using these notes, go through the contents and see what is there. Turn to a few items that you think you know well and a few that you are not sure of or do not know. Try this with each chapter. In this way you will begin to get an idea of the structure of the book and at the same time gain some idea of your knowledge.

Finally, make these notes into a personal resource to which you can add. If you do not want to write in the book, keep a companion file with the same or similar chapter headings, containing your own supplementary material. This could include extra vocabulary and your own tests.

The examining boards' specifications

It will help you in your revision to know which general topics each examining board will use when selecting the texts and documents to form the basis for the tasks set in the different papers at AS and A2. You will be able to focus your revision programme on those topics as you prepare for each paper. You will be able, for instance, to revise the appropriate vocabularies and the specimen sentences and dialogues found in these Exam Revision Notes.

The general topics for each of the main examining bodies are presented below, for both AS and A2, as they are listed in the specifications.

AQA
AS
1 Media — television, advertising, communication technology
2 Popular culture — cinema, music, fashion/trends
3 Healthy living/lifestyle — sport/exercise, health and wellbeing, holidays
4 Family/relationships — relationships within the family, friendships, marriage/partnerships

A2
1 Environment — pollution, energy, protecting the planet
2 The multicultural society — immigration, integration, racism
3 Contemporary social issues — wealth and poverty, law and order, impact of scientific and technological progress

4 Cultural topic:
- Study of a French-speaking region/community
- Study of a period of twentieth-century history from a French-speaking country/community
- Study of a novelist, dramatist or poet from a French-speaking country/community
- Study of a film director, architect, musician or painter from a French-speaking country/community

Edexcel

AS

1 Youth culture and concerns
2 Lifestyle — health and fitness
3 The world around us — travel, tourism, environmental issues and the French-speaking world
4 Education and employment

A2

As for AS +
1 Customs, traditions, beliefs and religions
2 National and international events — past, present and future
3 Literature and the arts
4 A research-based study linked to an area of interest relating to the society and/or culture of a French-language country or community

OCR

AS

1 Aspects of daily life — the family, food, drink, health, transport
2 Leisure and entertainment — sport, tourism, leisure activities
3 Communication and the media — communication technology, media
4 Education and training — school and school life, work and training

A2

1 Society — integration and exclusion, law and order
2 Environment — individual and environment, energy management, pollution, conservation of the natural world
3 Science and technology — medical progress, scientific advances, technological developments

Cultural topics

- Literature and the arts
- Political issues
- Heritage and history

For further details you should consult the specifications published by each examining body. Your school or college may have specifications available for you to look at. They are also available online at the following addresses:
- AQA: www.aqa.org.uk
- Edexcel: www.edexcel.org.uk
- OCR: www.ocr.org.uk

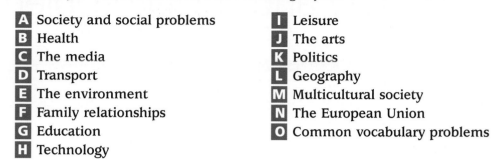

CHAPTER 1 Vocabulary

This chapter is subdivided into the following topics:

A Society and social problems
B Health
C The media
D Transport
E The environment
F Family relationships
G Education
H Technology

I Leisure
J The arts
K Politics
L Geography
M Multicultural society
N The European Union
O Common vocabulary problems

In all parts of the exam a knowledge of vocabulary is essential. You will have learned many French words. You will not necessarily be able to call upon all of them at will for speaking and writing purposes, but you should be able to understand most of them when you come across them in your reading and when you are listening to spoken French.

It would be unreasonable to try to learn all the words you have come across in your studies. You should make a selection based on the demands of the exam and your awareness of your own weaknesses.

revision TIPS

- Learn the words in the lists so that you can use them in speaking and writing tasks without making errors.

- Make sure that you are certain of the gender of nouns.

- Set yourself one topic list per day and set aside a specified period of time: 30–40 minutes.

- Test yourself on the previous day's list before going on to the next one.

- Write a short paragraph on a subject relating to each list and, if you can, speak in French to someone for about 3 minutes on each of the topics.

- Record yourself.

After each topic vocabulary there are sentences and paragraphs with translations. These show the words being used in context. You can use these in your writing and speaking.

- Study these sentences and paragraphs together with the translations.
- Learn some of them by heart.
- Practise translation both ways: English to French, French to English.

All this will reinforce your knowledge of vocabulary and give you confidence when you approach your exam.

A Society and social problems

1 Selected vocabulary

banlieue (f)	suburb
bénévole (m/f)	voluntary worker
cambriolage (m)	burglary
chômage (m)	unemployment
cité (f)	housing estate
comportement (m)	behaviour
criminalité (f)	crime (in general)
délinquance (f)	criminality
délit (m)	crime, offence
écart (m)	gap, distance
environnement (m)	environment
HLM (m/f) (habitation (f) à loyer (m) modéré)	council/public housing
immigré(e)	immigrant
inégalité (f)	inequality
infraction (f)	offence/breach of the law
mode (m) de vie (f)	way of life
pauvreté (f)	poverty
public (m)	the public
racisme (m)	racial prejudice
sdf (m/f) (sans domicile (m) fixe)	homeless person
société (f) de consommation (f)	consumer society
stupéfiant (m)	drug/narcotic
toxicomane (m/f)	drug addict
toxicomanie (f)	drug addiction
xénophobie (f)	xenophobia (hostile à ce qui est étranger)

2 Specimen sentences

2.1 Famille

Le rôle de la famille dans la vie des Français préoccupe de plus en plus les sociologues.

The role of the family in the life of French people is a growing concern of sociologists.

La famille nucléaire est devenue la norme.	The nuclear family has become the norm.
La famille éclatée et les familles monoparentales, voilà des thèmes qui se rapportent au mode de vie des Français.	The broken family and one-parent families are matters which affect the French way of life.

2.2 L'état de la société

On assiste à une lente disparition d'une vie sociale collective.	We are witnessing the gradual disappearance of collective social life.
On estime qu'il y a trop d'écart entre les riches et les pauvres.	It is thought that there is too wide a gap between the rich and the poor.
Une partie de la population s'est déplacée des centres-villes vers les banlieues.	A part of the population has moved from the city centres to the suburbs.

2.3 Le racisme

La xénophobie et le racisme ont trouvé dans certaines régions un terrain favorable.	Xenophobia and racial prejudice have found an ideal breeding ground in some regions.
Les Français sont à peu près également partagés entre la possibilité d'intégrer les immigrés et le souhait de voir partir un grand nombre d'entre eux.	French people are more or less evenly divided between those who consider it possible to integrate immigrants and those who wish to see many of them leave.

2.4 La criminalité

La délinquance s'est aggravée à mesure que la société de consommation s'est développée.	Crime has increased as the consumer society has developed.
Depuis le début des années 50, le nombre de délits a été multiplié par 15.	Since the beginning of the 1950s, the number of crimes has increased fifteen-fold.
Les infractions contre la famille et les enfants ont augmenté.	Offences against the family and against children have increased.
On estime que la drogue est à l'origine de la moitié de la criminalité.	It is thought that drugs are the cause of half of the crimes committed.

3 Specimen paragraph

La drogue et la criminalité	**Drugs and crime**
La criminalité est un problème sérieux en France comme dans d'autres pays européens. Il y a plusieurs facteurs qui ont contribué à ce phénomène dont la drogue est l'un des plus importants. On estime que la drogue est à l'origine de la moitié de la criminalité en France. Beaucoup de toxicomanes commettent des délits: vols à tir, vols armés, cambriolages pour payer les stupéfiants dont ils ont un besoin maladif.	Crime is a serious problem in France as in other European countries. There are several factors which have contributed to this phenomenon, one of the most important of which is drugs. It is estimated that drugs are the cause of half of the crimes committed in France. Many drug addicts commit crimes: pickpocketing, armed robbery and burglary, to pay for the drugs on which they are pathologically dependent.

B Health

1 Selected vocabulary

alcoolisme (m)	alcoholism
chirurgien (m)	surgeon
clinique (f)	clinic, nursing home
cure (f)	course of treatment
égal accès (m) aux soins (m)	equal access to care
espérance (f) de vie (f)	life expectancy
état (m) de santé (f)	state of health
être bien portant	to be in good health
être en bonne, en parfaite santé	to be in good, perfect health
guérir	to be cured
guérison (f)	treatment
infirmier (m)/infirmière (f)	nurse
malade (m/f)	sick person
maladies (f) épidémiques, contagieuses	epidemic, contagious diseases
maladies (f) nerveuses, mentales	nervous, mental illnesses
médecin (m) généraliste	general practitioner
médecine (f) préventive	preventative medicine
obésité	obesity
pharmacien(ne)	chemist/pharmacist

préservatif (m)	condom
prévenir les maladies (f)	to prevent disease
santé (f) chancelante, délicate, faible	shaky, delicate, poor health
santé (f) publique	public health
scanner (m)	scanner
sécurité (f) sociale	social security
se remettre	to recover
SIDA (m)	AIDS
tabagisme (m)	excessive smoking
taux (m) de mortalité (f)	death-rate
traitement (m)	treatment
vieillissement (m)	ageing

2 Specimen sentences

2.1 La santé en général

Il est important de se tenir en bonne santé. Il est conseillé de bien manger et de faire des exercices régulièrement.

It is important to keep in good health. You are advised to eat well and to take regular exercise.

Il est déconseillé de fumer ou de boire trop d'alcool.

You are advised not to smoke and not to drink too much.

Le tabagisme et l'alcoolisme touchent une proportion importante de la population.

Heavy smoking and drinking affect a significant part of the population.

Une enquête récente montre que la consommation de cigarettes a diminué.

A recent enquiry shows that cigarette smoking has decreased.

En France comme en Grande Bretagne la politique de la santé vise à assurer un égal accès aux soins médicaux à tous les habitants du pays.

In France, as in Great Britain, health policies aim to guarantee the entire population equal access to medical care.

Pour plusieurs raisons les dépenses de santé s'effectuent à un rythme supérieur à la croissance économique.

For several reasons expenditure on health is running at a rate above economic growth.

2.2 Les effets de la pollution

Les polluants émis par les véhicules affectent les voies respiratoires et

The pollutants emitted by vehicles affect the respiratory tract, and provoquent des maux de tête, des vomissements, des maladies cardio-vasculaires, des crises de circulation et même des cancers.

can cause headaches, vomiting, cardiovascular diseases, circulatory problems and even cancer.

2.3 La médecine préventive

Les responsables de la santé publique s'efforcent de développer une médecine préventive dans la lutte contre le tabagisme, l'alcoolisme et le SIDA.

Those responsible for public health are doing what they can to develop preventative medicine in the fight against smoking, alcoholism and AIDS.

3 Specimen paragraphs

Avec une espérance de vie moyenne de 77,7 ans, la France se situe au premier rang de l'Union Européenne. L'espérance de vie des hommes atteint 73 ans et celle des femmes 81 ans (elle n'est dépassée dans le monde que par celle des Japonaises: 81,7 ans). En dix ans, de 1981 à 1991, on note une baisse importante du taux de mortalité aussi bien chez les hommes que chez les femmes de tout âge, à l'exception de la catégorie des hommes de 24 à 44 ans (vraisemblablement à cause de l'épidémie de SIDA).

With an average life expectancy of 77.7 years, France is at the top of the European Union. The life expectancy of men has reached 73 and women 81 (exceeded worldwide only by the life expectancy of Japanese women: 81.7). In the 10 years from 1981 to 1991 there was a significant fall in the death-rate of both men and women of all ages, with the exception of men in the 24–44 age-group (probably due to the AIDS epidemic).

L'âge moyen de la population est aujourd'hui de 38 ans en Europe, dans 40 ans, il sera de 48 ans. En 2020, plus d'un milliard d'humains auront plus de soixante ans. D'ici 2050, le nombre de personnes de plus de 80 ans sera multiplié par 9.

In Europe today the average age of the population is 38, in 40 years it will be 48. In 2020 more than 1 billion human beings will be over 60. By 2050, the number of people aged over 80 will have increased nine-fold.

C The media

1 Selected vocabulary

antenne (f) (parabolique)	aerial (dish)
audience (f)	audience
audiovisuel (m)	radio and television

auditeur (m)/auditrice (f)	listener (radio)
brancher	to plug in, connect up
bruitage (m)	sound effects
câbler	to link up with cable
chaîne (f) à péage (m)	pay channel
chaîne (f) de télévision (f) publique/privée	public/private television channel
cibler	to target
courrier (m) électronique	e-mail
court métrage (m)	short film
dessin (m) animé	cartoon
doubler	to dub (in films)
éclairage (m)	lighting
écran (m) plat	flat screen
édition (f)	publishing
émission (f)	programme
feuilleton (m) télévisé	serial, soap
fibre (f) optique	optical fibre
fréquence (f)	frequency
gros titre (m)	headline
haut débit	broadband
hebdomadaire (adj.)	weekly
jeu (m) de hasard (m)	game of chance (on television)
média/médias (m)	medium/media
médiatique (adj.)	media (e.g. une personnalité médiatique)
monopole (m) étatique	state monopoly
multimédia (adj.)	multimedia (e.g. encyclopédies multimédia)
ordinateur (m) portable	laptop computer
PAF (paysage (m) audiovisuel français)	the French broadcasting scene
passer à la télévision	to be on television
poste (m) de télévision (f)/de radio (f)	television/radio set
presse (f) écrite	newspapers, magazines etc.
pub (f)	ad (advertisement)
publicitaire (adj.)	advertising
publicité (f)	advertising
publier	to publish
quotidien (m)	daily (newspaper)
radio (f) commerciale	commercial radio
radio (f) locale	local radio
radio (f) numérique	digital radio
rédacteur (m)/rédactrice (f)	editor

rédaction (f)	editorial staff, editing
sous-titre (m)	subtitle
téléspectateur (m)	viewer
télévision à haute définition	high-definition television
télévision (f) par câble (m)/par satellite (m)	cable/satellite television
tirage (m)	circulation of newspapers etc.
tourner un film	to make a film
transmettre	to broadcast
vedette (f)	film star
vidéocassette (f)	video cassette
vidéoclip (m)	video

2 Specimen sentences

L'auditeur et le téléspectateur français moyen passent respectivement 18 heures et plus de 20 heures par semaine devant leurs postes.

The average French radio listener and television viewer spend 18 hours and more than 20 hours a week respectively in front of their sets.

La radio est devenue le média de prédilection des 15–19 ans.

Of all media, radio has become the favourite of the 15–19 age group.

Depuis 1987 le secteur privé domine le paysage audiovisuel français.

The private sector has dominated the French broadcasting scene since 1987.

Les Français lisent davantage les magazines que les quotidiens.

The French read more magazines than daily papers.

Au total la presse française compte environ 3 000 titres.

Altogether the French press has about 3,000 titles.

3 Specimen paragraph

On passe beaucoup de temps devant la télévision. Le téléspectateur français moyen y passe 20 heures par semaine. Au cours de ces 20 heures il reçoit une grande variété d'images et une grande quantité d'informations. Cela serait étrange si on n'était pas influencé par ces images et ces informations. Comme le paysage audiovisuel est souvent dominé par le secteur privé, une grande partie de ce qu'on voit et entend consiste en matériel

We spend a lot of time in front of the television. The average French viewer watches 20 hours a week. During these 20 hours he or she is on the receiving end of a great variety of images and a large quantity of information. It would be strange if we were not influenced by these images and information. As the audiovisual landscape is often dominated by the private sector, a great deal

publicitaire. La télévision exerce sur nous et notre vie une grande influence. Mais cette influence est-elle plus grande que celle de la presse?

of what we see and hear is publicity material. Television influences us and our lives greatly But is this influences greater than that of the press?

D Transport

1 Selected vocabulary

aéroport (m)	airport
aire (f) de repos (m)	rest area (on motorways)
auto-école (f)	driving school
autoroute (f) à péage (m)/gratuite	toll/toll-free motorway
bande (f) cyclable	cycle lane
bouchon (m)	hold-up, bottleneck
boulevard (m) périphérique	ring road (le périf/périph)
chemin (m) de fer (m)	railway
circulation (f)	traffic
covoiturage (m)	car sharing
décongestionner	to relieve congestion
desservir	to serve (of transport)
élève conducteur (m)	learner driver
embouteillage (m)	traffic jam
emprunter	to take (of transport)
heure (f) de pointe (f)	rush hour
mode (m) de transport (m)	mode of transport
quartier (m) piétonnier	pedestrian precinct
relier	to link, connect
réseau (m) autoroutier	motorway network
réseau ferroviaire	rail network
rocade (f)	bypass
sécurité routière	road safety
se déplacer	to travel
sens (m) unique	one-way traffic
SNCF (f) (Société (f) des chemins de fer français)	French national railways
TGV (m) (train (m) à grande vitesse (f))	high-speed train
train de banlieue (f)	suburban train
transporter	to transport

transports (m pl) en commun	public transport
transports routiers	road transport
transports urbains	urban transport
vol (m) aérien court-courrier	short-haul flight
voyager	to travel

2 Specimen sentences

Récemment il y a eu une renaissance du tramway comme moyen de transport urbain.

Recently, trams have been revived as a form of urban transport.

J'ai emprunté la voie de gauche.

I took the left-hand lane.

Ce village est bien desservi.

This village is well served by public transport.

Le TGV Sud-Est relie Paris à Lyon.

The TGV South–East links Paris to Lyon.

On a essayé de décongestionner le centre-ville.

Attempts have been made to relieve the congestion in the city centre.

Je me déplace toujours en voiture.

I always travel by car.

J'ai entendu à la radio qu'il y avait un bouchon sur l'autoroute.

I heard on the radio that there was a hold-up on the motorway.

3 Specimen paragraph

L'usage de la voiture et des transports en commun

Malgré les inconvénients (bruit, pollution, encombrements), l'usage de la voiture dans les grandes villes ne cesse d'augmenter. Quand on interroge les Français sur les risques et les dangers concernant l'usage de la voiture, ils répondent qu'ils sont prêts à faire des efforts. Toutes les enquêtes montrent qu'ils voudraient bien utiliser les transports en commun. Mais ils disent que ceux-ci ne sont pas confortables, surtout aux heures de pointe, qu'ils n'arrivent pas toujours à l'heure et qu'on y risque de se faire agresser.

The use of the car and public transport

In spite of the inconveniences (noise, pollution, hold-ups), the use of the car in cities is continually increasing. When French people are questioned on the threats and dangers involved in using the car, they answer that they are prepared to make an effort. All the surveys show that they would like to use public transport; but they say that it is uncomfortable, especially during rush hour, that it is not always on time and you run the risk of being attacked.

E The environment

1 Selected vocabulary

animaux (m) sauvages	wild animals
assainir (l'eau (f))	to purify (water)
changement (m) climatique	climate change
contaminer	to contaminate
couche (f) d'ozone (m)	ozone layer
déchets (m) toxiques/chimiques/ nucléaires/radioactifs	toxic/chemical/nuclear/radioactive waste
écologie (f)	ecology
environnement (m) rural/urbain	rural/urban environment
équilibre (m)	balance
espace (m) vert	green space
la faune et la flore	fauna and flora
incinérer	to incinerate
lutte (f) contre la pollution	the fight against pollution
milieu (m) naturel	natural environment
nettoyage (m)	cleaning
nettoyer	to clean
nuire	to harm
nuisances (f) chimiques	chemical pollution
nuisible (adj.)	harmful
ordures (f) ménagères	household waste
polluer	to pollute
poubelle (f)	dustbin
préserver la nature	to conserve nature
produits (m) recyclables	recyclable products
protection (f) de la nature	protection of nature
protéger	to protect
récupérer (des déchets (m) recyclables)	to recover (recyclable waste)
recyclage (m)	recycling
tourisme (m) 'vert'	'green' tourism, ecotourism
usine (f) de traitement (m)	reprocessing plant

2 Specimen sentences

Les nitrates ont contaminé la rivière.	Nitrates have contaminated the river.

Il est difficile, sinon impossible, d'éliminer toutes formes de pollution: industrielle, atmosphérique et sonore dans nos villes.

It is difficult, if not impossible, to eliminate all forms of pollution — industrial, atmospheric and noise — from our cities.

En France on a investi de grosses sommes d'argent dans nos installations de recyclage.

In France, large sums of money have been invested in recycling plants.

On a créé en France les parcs nationaux et régionaux pour la protection du milieu naturel.

National and regional parks have been created in France to protect the natural environment.

Les municipalités des grandes villes ont créé des milliers d'hectares d'espaces verts.

The town councils of large cities have created thousands of hectares of green space.

L'une des grandes objections faites à l'expansion du nucléaire concerne le retraitement des déchets radioactifs.

One of the main objections to the expansion of nuclear power concerns the reprocessing of nuclear waste.

Nous voudrions éradiquer tout ce qui est nuisible à l'environnement.

We would like to eradicate all that is harmful to the environment.

3 Specimen paragraphs

Quelles mesures faudrait-il prendre pour améliorer l'environnement urbain?

What steps should be taken to improve the uban environment?

Les voitures à essence circulant dans les grandes villes représentent la source la plus importante de pollution de l'air. Pour améliorer l'environnement urbain il faudrait donc éliminer la voiture à essence dans le milieu urbain. Il faudrait aussi développer les transports en commun, surtout le tramway qui est rapide, silencieux et n'émet pas de gaz toxiques.

Petrol-driven cars in large cities constitute the most significant source of air pollution. In order to improve the urban environment it would therefore be necessary to eliminate the car form cities. It would also be necessary to develop public transport, especially trams, which are fast, silent and do not emit poisonous fumes.

Notre climat change et la montée des océans, les bouleversements des écosystèmes et la multiplication d'événements climatiques extrêmes vont affecter toute l'humanité. Il est urgent d'agir.

Our climate is changing and the rising sea level, the upheaval of ecosystems, the increase in the number of extreme climate events will affect the whole of humanity. Urgent action is necessary.

D'après Météo-France, le mois d'avril 2007 était le plus chaud depuis 1950 en France métropolitaine avec une température moyenne supérieure de 4.3°C à la normale des températures moyennes. Les précédents records étaient avril 1961 avec +2.7°C et ceux de 1987 et 1952 avec +1.9°C.

According to Météo-France, the month of April 2007 was the hottest since 1950 in mainland France with an average temperature 4.3°C higher than the normal average temperatures. The previous records were April 1961 with +2.7°C and April 1987 and 1952 with +1.9°C.

F Family relationships

1 *Selected vocabulary*

autorité (f) parentale	parental authority
beau-père (m)	stepfather
belle-mère (f)	stepmother
célibataire (m/f)	unmarried person
communication (f)	communication
comportement (m)	behaviour
demi-frère (m)	stepbrother
demi-soeur (f)	stepsister
divorce (m)	divorce
divorcer	to divorce
enfants (m) maltraités	abused children
famille (f) monoparentale	one-parent family
femme (f) au foyer (m)	housewife
génération (f)	generation
mariage (m) à l'essai (m)	trial marriage
milieu (m) familial	family circle
natalité (f)	birth rate
rapport (m)	relationship
tâches (f) domestiques	domestic chores
union (f) libre	free love

2 *Specimen sentences*

40% des naissances se produisent hors du cadre du mariage.

40% of births take place outside marriage.

Les rapports entre parents et enfants sont dans l'ensemble bons.	Relationships between parents and children are generally good.
Les difficultés de communication existent encore.	The problems of communication still exist.
Quelques centaines d'enfants meurent chaque année de mauvais traitements.	Each year hundreds of children die through ill-treatment.
9% seulement des pères qui divorcent obtiennent la garde de leurs enfants.	Only 9% of divorced fathers obtain custody of their children.
Le modèle de la femme au foyer est en train de disparaître.	The stereotype of the woman as housewife is disappearing.
Les femmes consacrent encore beaucoup plus de temps aux tâches domestiques que les hommes.	Women still devote more time to domestic chores than men.

3 Specimen paragraphs

Le domaine des droits

Il y aurait toute une étude à faire sur les progrès qu'ont faits les Français, et surtout les Françaises, dans le domaine des droits (droit au divorce, à l'avortement, à la contraception, l'égalité du travail, pour ne citer que quelques-uns des plus importants): progrès qui ont tous contribué à renforcer des changements qui avaient déjà commencé à se produire et dont la plupart concernent la famille.

Tout est remis en question. Les gens deviennent individualistes et imposent leurs choix de vie. Ce mouvement est si fort qu'il aboutit à une nouvelle évolution de la famille dite post-moderne. Elle se caractérise par l'éclatement des fondements mêmes de la famille traditionnelle et de la famille nucléaire centrée autour d'une fratrie et d'un couple mère–père.

Rights

A whole study could be made on the progress achieved by the French, and especially by French women, in the area of rights (the right to get a divorce, to have an abortion, to use contraception, equality at work, to name some of the most important) — progress in areas which have all helped to reinforce changes that had already begun to happen, the majority of which affect the family.

Everything is called into question. People are becoming individualists and are imposing their life choices. This movement is so strong that it results in a new development of the family known as post-modern. It is characterised by the break-up of the very foundations of the traditional family and of the nuclear family centred around siblings and a mother–father couple.

G Education

Selected vocabulary

baccalauréat/bac/bachot (m)	baccalaureate
capacités (f) intellectuelles	intellectual ability
contrôle (m) continu	continuous assessment
dissertation (f)	essay
documentaliste (m/f)	school librarian
école (f) maternelle	nursery school
éducation (f)	education (upbringing and development)
enseignement (m)	education (passing on of knowledge)
enseignement libre	denominational education
épreuve (f)	test
études (f) universitaires	university studies
facultatif (m)/facultative (f) (adj.)	optional
filière (f)	path, route, options (e.g. baccalauréat filière technique)
informatique (f)	IT
laboratoire (m)	laboratory
langues (f) vivantes	modern languages
lycée (m) agricole	secondary school for agriculture
lycée hôtelier	secondary school for catering and hotel management
lycée technique	secondary school for vocational training
matière (f)	school subject, e.g. French
mixte	coeducational
obligatoire (adj.)	compulsory
programme (m)	syllabus, curriculum
redoublement (m)	repeating a year
redoubler	to repeat a year
salle (f) de conférences (f)	lecture room
scolarité (f)	schooling
stage (m)	training course
stage de formation (f)	vocational training
sujet (m)	subject, e.g. of a book
université (f)	university

2 *Specimen sentences*

En France la scolarité est obligatoire à partir de 6 ans.	In France, schooling is compulsory from the age of six.
Dès l'âge de 3 ans 95% des petits Français fréquentent une école maternelle d'état.	From the age of three, 95% of French children attend a state nursery school.
Si un élève n'atteint pas le niveau requis pour passer dans la classe supérieure il doit redoubler.	If a pupil does not reach the required level to go up to the next year, he or she must repeat a year.
Le baccalauréat sanctionne la fin des études secondaires.	The baccalaureate marks the end of secondary education.
Au bac les élèves ont des épreuves obligatoires de maths, histoire-géographie, français, philosophie, langue vivante, sports en plus des matières qu'ils ont choisies.	Pupils taking the baccalaureate have compulsory tests in maths, history/geography, French, philosophy, a modern language and sport, over and above the subjects of their choice.
Le bac est la clé pour les études supérieures.	The 'bac' opens the door to higher education.
L'enseignement d'état en France est laïc: l'instruction religieuse ne figure pas au programme.	In France, state education is non-denominational and religious education does not appear on the curriculum.

3 *Specimen paragraphs*

Certes, le bac est toujours la clé pour les études supérieures, du moins en théorie, car certaines universités exigent une mention "Assez bien" ou même "Bien" pour s'inscrire. Ces pratiques ont suscité un large débat sur la sélection.	There is no doubt that the baccalaureate is still the key to higher education, at least in theory, as some universities require grades of 'Quite good' or even 'Good' to obtain a place. These practices have generated a wide-ranging debate on selection processes.
De plus en plus de jeunes titulaires du baccalauréat entreprennent des études supérieures. Le nombre d'étudiants de premier cycle universitaire s'est multiplié par 5 en 20 ans.	More and more young people who have the baccalaureate go on to higher education. The number of students in the first and second years of university has increased five times in 20 years.

H Technology

1 Selected vocabulary

aéronautique (f)	aeronautics
appareil (m)	appliance, device
béton (m)	concrete
biotechnologie (f)	biotechnology
brancher	to plug in
carburants (m) (essence (f), gazole (m))	fuel oils (petrol, diesel)
centrale (f) nucléaire/hydroélectrique	nuclear/hydroelectric power station
chaîne (f) de montage (m)	assembly line
construction (f)	building
construire	to build
dépenses (f) énergétiques	energy bill
électronique (f)	electronics
énergie (f)	energy
énergie (f) solaire	solar energy
fabrication (f)	manufacturing process
fusée (f)	rocket, missile
génie (m) civil/chimique/génétique	civil/chemical/genetic engineering
industrie (f) de pointe (f)	high-tech industry
informaticien (m)/informaticienne (f)	computer scientist
informatique (f)	computer science
ingénierie (f)	engineering
jeu (m) électronique	electronic game
lentilles (f) de contact (m)	contact lenses
logiciel (m)	software
métallique (adj.)	metal
numériseur (m) de documents/scanner (m)	scanner
ordinateur (m)	computer
pétrole (m)	petroleum
procédé (m)	process
projet (m)	plan
puce (f) électronique	microchip
recherche (f)	research
répondeur (m) téléphonique	answerphone
robotique (f)	robotics
source (f) d'énergie	source of energy
télécopieur (m)	fax machine

2 Specimen sentences

L'électronique occupe une place particulière dans le développement des sciences.	Electronics play an important part in scientific development.
L'un des domaines où l'électronique joue un rôle important est celui des télécommunications.	One of the areas in which electronics play an important role is telecommunications.
On peut citer plusieurs exemples de la mise en œuvre des avancées technologiques en France.	Several examples of the implementation of technological advances in France can be cited.
Des équipes chirurgicales ont collaboré avec des ingénieurs pour développer des procédés chirurgicaux.	Teams of surgeons have collaborated with engineers to develop surgical procedures.
Dans le domaine de la biotechnologie et de la génétique certains procédés tels que le clonage ont été vivement contestés.	In the realm of biotechnology and genetics certain processes, such as cloning, have been strongly debated.

3 Specimen paragraphs

Selon l'organisation écologiste Greenpeace, 15% des cultures de maïs dans l'Union Européenne, soit un million d'hectares, auraient été "contaminées" par des plantes transgéniques depuis le début de l'année. Les champs en question auraient été cultivés avec des semences importées des États-Unis.

According to the environmental organisation Greenpeace, 15% of maize under cultivation in the European Union, that is a million hectares, has been 'contaminated' by transgenic plants since the beginning of the year. It is thought that the fields in question have been planted with seeds imported from the USA.

Les Français et l'internet

Trois activités sont pratiquées par plus de la moitié des Français. Il s'agit d'« envoyer ou recevoir des e-mails » (55%), « obtenir des informations pratiques » (55%) et « surfer pour vous distraire, vous détendre » (51%).

The French and the internet

Three activities are practised by more than 50% of French people. They are 'sending or receiving e-mails' (55%), 'finding practical information' (55%) and 'surfing the internet for entertainment and relaxation' (51%).

▌ Leisure

1 ▌ *Selected vocabulary*

assister à	to attend, to be present at
bande (f) dessinée	comic strip
caméscope (m)	video camera
carnaval (m)	carnival
congé (m) annuel	annual holiday
congés payés	annual paid holiday
croisière (f)	cruise
estival(e) (adj.)	summer
événement (m) sportif	sporting event
exposition (f)	exhibition
festival (m) de musique (f)/de théâtre(m)	music/theatre festival
Fête (f) des rois (m)	Epiphany, Twelfth Night
lecteur (m) de disques (m) compacts	CD player
lecteur (m) et enregistreur (m) de DVD	DVD player/recorder
randonnée (f) pédestre/équestre	walk, ramble/pony trek
sculpture (f)	sculpture
sport (m) d'équipe (f)/individuel/amateur/professionnel	team/individual/amateur/professional sport
station (f) balnéaire/de ski (m)	seaside/ski resort
tourisme (m) vert/culturel	ecotourism/cultural tourism
Toussaint (f)	All Saints' Day
vacancier (m)	holiday-maker

2 ▌ *Specimen sentences*

À cause de l'accroissement du temps libre les loisirs occupent une grande place dans la société contemporaine.

: Because of the increase in free time, leisure activities play a large part in contemporary society.

Certaines régions de France comme la Provence attirent de plus en plus d'estivants chaque année de partout en Europe.

: Some French regions like Provence attract more and more summer visitors each year from all parts of Europe.

Dans les stations de ski des Alpes françaises il y a toute une gamme d'activités. Il y a le ski, le ski de fond, des randonnées à raquettes et des randonnées avec chiens de traîneau.	In the ski resorts of the French Alps there is a whole range of activities. There is skiing, cross-country skiing, snow-shoe trekking and dog-sledding.
Selon un sondage récent les Français passent plus de temps à lire. En 1993, 75% des Français avaient lu un livre au cours de l'année précédente contre 70% en 1972.	According to a recent survey, the French are reading more. In 1993, 75% of French people had read a book during the year, as opposed to 70% in 1972.

3 Specimen paragraph

Début 2004, 45% des foyers disposaient d'un micro-ordinateur. Les derniers chiffres de l'INSEE (Institut National de la Statistique et des Études Économiques) concernant l'équipement informatique des Français viennent d'être publiés: par rapport à 1996, les foyers sont trois fois plus nombreux à disposer d'un ordinateur à domicile. 8% des foyers disposent d'un portable; pour la moitié d'entre eux il s'agit de l'unique micro-ordinateur du foyer, pour l'autre moitié il vient en complément d'un ordinateur fixe.	At the beginning of 2004, 45% of households had a personal computer. The latest figures from the National Institute of Statistics and Economic Studies concerning the IT equipment of the French has just been published: compared with 1996, three times more households have a personal computer in their homes. Eight per cent of households have a laptop; for half of them it is the only personal computer in the household, for the other half it is in addition to the permanent computer.

J The arts

1 Selected vocabulary

aquarelle (f)	water colour
architecte (m/f)	architect
architecture (f)	architecture
artiste (m/f)	artist
assistance (f)	audience
auteur (m) dramatique	playwright
chanson (f) folklorique/de Noël	folk song/Christmas carol
chant (m)	singing

chef d'orchestre	conductor
cinéaste (m/f)	film maker
cinéma d'animation (f)	animation
cinéma muet/parlant	silent films/talkies
composer	to compose
compositeur	composer
coulisses (f pl)	wings (in a theatre)
court/long métrage (m)	short (one-reeler)/feature-length film
créer	to create
dénouement (m)	denouement, outcome, conclusion
dessin (m)	drawing
écrivain (m)	writer
effets (m pl) spéciaux	special effects
exposer	to exhibit
exposition (f)	exhibition
fanfare (f)	brass band
film documentaire/d'épouvante/policier	documentary/horror/detective film
filmer	to film
intrigue (f)	plot
littérature (f)	literature
musique (f) pour piano (m)	piano music
nature (f) morte	still life
opéra (m)	opera (a work); opera house
orchestre (m)	orchestra, band
orchestre à cordes (f pl)/de jazz (m)	string orchestra/jazz band
palme (f)	prize (e.g. Palme d'Or)
partition (f)	score
peindre (f)	to paint
peintre (m/f)	painter
peinture (f)	painting
pièce (f) de théâtre	play
poésie (f)	poetry
quatuor (m)	quartet
réalisateur/réalisatrice	director
roman (m)	novel
roman adapté pour le cinéma	novel adapted for the cinema
romancier/romancière	novelist
scène (f)	scene, stage
style (m)	style

symphonie (f)	symphony
théâtral (adj.)	theatrical
théâtre de caractère/de situation/de rue	the theatre of character/of situation/street theatre

2 Specimen paragraphs

L'année 2006 a été un excellent cru pour le cinéma français qui avec 84 millions d'entrées, enregistre son meilleur score depuis 1984, faisant "jeu égal" avec les productions américaines grâce à une part de marché de 45%. Selon le bilan annuel publié mardi par le CNC (Centre National de la Cinématographie), les salles de cinéma de l'Hexagone ont enregistré 188,45 millions d'entrées en 2006, toutes productions confondues, un chiffre en hausse de 7,5% par rapport à 2005. La fréquentation reste toutefois en deçà du record historique enregistré en 2004, où elle s'était établie à 195,53 millions d'entrées.

The year 2006 was an excellent vintage for the French film industry which, with box office sales of 84 million tickets, achieved its best result since 1984, keeping up with American films thanks to a market share of 45%. According to the CNC's annual report, the cinemas of metropolitan France recorded 188.45 million admissions in 2006, which includes all types of films, a 7.5% rise compared with 2005. However, visits to the cinema fell short of the historical record of 2004, when admissions reached 195.53 million.

Les nouvelles technologies

L'utilisation des supports nomades, (baladeurs, lecteurs mp3, iPods) est très élevée chez les jeunes (28% chez les 15–24 ans).

16% des Français déclarent avoir déjà téléchargé de la musique sur Internet, notamment les jeunes (39% des 15–24 ans). Les téléchargeurs sont plutôt des passionnés, des musiciens, des jeunes ayant un rapport fort à la musique.

New technologies

The use of portable media (personal stereos, mp3 players, iPods) is very high among young people (28% for 15–24 year olds).

Sixteen per cent of French people state that they have already downloaded music from the internet, especially young people (39% of 15–24 year-olds). Those who download music are, for the most part passionate about music, musicians, young people who have close links with music.

La Joconde

Qui n'aimerait pas examiner de près l'une des toiles les plus célèbres au monde, *La Joconde*? Depuis des siècles, elle capte les cœurs et captive les esprits de millions de personnes qui espèrent en comprendre le charme, la grâce, la genèse.... Nombreux sont ceux et celles qui ont rêvé de visiter le Louvre, un beau jour, afin de jeter un coup d'œil sur ce chef-d'œuvre de Léonard de Vinci. Car ce serait un coup d'œil: la toile est protégée par un épais vitrage anti-balles et une barrière ne vous laisse pas approcher à moins de dix pieds.

The Mona Lisa

Who would not like to examine close-up one of the most famous paintings in the world, the *Mona Lisa*? For centuries it has won the hearts and captivated the minds of millions of people who hope to understand its charm, its grace, how it was created.... There have been many, male and female, who have dreamed of some day visiting the Louvre, to glance at Leonardo da Vinci's masterpiece. And it would be a glance: the painting is protected by a thick pane of bullet-proof glass and a barrier that will not let you get closer than 10 feet away.

K Politics

1 Selected vocabulary

affaires (f) étrangères	foreign affairs
Assemblée (f) nationale	the French legislature
campagne (f) électorale	election campaign
candidat(e)	candidate
centre (m)	the centre (in politics)
citoyen(ne)	citizen
crise (f)	crisis
démocratie (f)	democracy
discours (m)	speech
droit (m) de vote (m)	right to vote
droite (f)	the right in politics
égalité (f)	equality
électeur (m)/électrice (f)	elector
élection (f)	election
élection partielle	by-election
élections législatives/présidentielles	legislative/presidential elections
élire	to elect
extrême droite (f)	extreme right

fraternité (f)	brotherhood
gauche (f)	the left (in politics)
gouvernement (m)	government
homme/femme d'état (m)	statesman/woman
homme/femme politique	politician
impôt (m)	tax
libéral (m)	liberal
liberté (f)	freedom
mesure (f)	measure
ministère (m)	ministry
ministre (m)	minister
parlement (m)	parliament (French Parliament includes the chamber of deputies and the Senate)
parti (m) politique	political party
politique (f)	politics
pouvoir (m)	power
préfet (m)	prefect (represents the state in a département, or region)
premier ministre (m)	prime minister
premier/deuxième tour (m)	first/second round of voting
Président (m) de la République	President of the Republic
réforme (f)	reform
république (f)	republic
sénateur (m)	senator
septennat (m)	name given to the 7-year presidential term
socialiste (m)	socialist
syndicat (m)	trade union
les Verts (m)	the Green Party
voter	to vote

2 | *Specimen sentences*

La cinquième république est le régime politique de la France depuis le 4 octobre 1958.

The Fifth Republic has been the political regime in France since 4 October 1958.

Charles de Gaulle a été élu Président de la République en décembre 1958.

Charles de Gaulle was elected President of the Republic in December 1958.

La présidence de François Mitterand a duré 14 ans de 1981 à 1995.

: François Mitterand's presidency lasted 14 years, from 1981 until 1995.

Jacques Chirac a été élu Président en 1995 et réélu en 2002.

: Jacques Chirac was elected President in 1995 and re-elected in 2002.

Nicolas Sarkozy est Président de la République depuis le 6 mai, 2007.

: Nicolas Sarkozy has been President of the Republic since 6 May 2007.

3 Specimen paragraphs

Le Sénat est composé de 318 membres élus pour neuf ans et renouvelables par tiers tous les trois ans.

: The Senate is made up of 318 members elected for 9 years, and every 3 years a third of the house stands for re-election.

Le Sénat a presque les mêmes pouvoirs que l'Assemblée nationale. Pourtant les lois de finances sont toujours soumises en premier lieu à l'Assemblée nationale. S'il y a un désaccord entre le Sénat et l'Assemblée nationale, le gouvernement peut demander à l'Assemblée nationale de décider.

: The Senate has almost the same powers as the National Assembly. However, laws relating to finance are always submitted to the National Assembly first. If there is a disagreement between the Senate and the National Assembly, the government can ask the National Assembly to make the final decision.

L'Assemblée nationale comprend 577 députés qui sont élus pour 5 ans au suffrage universel direct. L'Assemblée partage avec le Sénat le pouvoir législatif.

: The National Assembly is made up of 577 members, who are elected for 5 years by direct universal suffrage. The National Assembly shares legislative power with the Senate.

L Geography

1 Selected vocabulary

agglomération (f)	city, built-up area
aménagement (m)	planning

aménagement du territoire (m)	national and regional development
arrière-pays (m)	hinterland
atlantique (f)	Atlantic
citadin (m)/citadine (f)	inhabitant of city/town
climat (m)	climate
climatique (adj.)	climatic
colline (f)	hill
densité (f)	density, e.g. population
élevé(e) (adj.)	high
embouchure (f)	mouth (of river)
espace (m)	space
exporter	to export
falaise (f)	cliff
fleuve (m)	river (that flows into sea)
forêt (f)	forest
frontière (f)	frontier, border
habitant(e)	inhabitant
hexagone (m)	France (as it is shaped roughly like a hexagon)
importer	to import
industriel(le) (adj.)	industrial
intérieur (m)	interior
Méditerranée (f)	Mediterranean
Mer du Nord (f)	North Sea
méridional(e) (adj.)	southern
montagne (f)	mountain
occidental(e) (adj.)	western
oriental(e) (adj.)	eastern
Pacifique (f)	Pacific
paysage (m)	countryside, type of countryside
plaine (f)	plain
plateau (m)	plateau
précipitation (f)	precipitation (rain, snow etc.)
région (f)	region
relief (m)	relief of a country (mountains, plains etc.)
ressource (f) minière/naturelle	mining/natural resource
rivage (m)	shore
rive (f)	bank of river
rivière (f)	river (that flows into another river or other watercourse)

rocher (m)	rock
rocheux (m)/rocheuse (f) (adj.)	rocky
rural(e) (adj.)	rural
septentrional(e) (adj.)	northern
s'étendre	to extend, stretch (e.g. cette région s'étend sur un million d'hectares carrés)
sol (m)	soil, earth, surface of earth
sommet (m)	summit
superficie (f)	area
terre (f)	earth, the Earth (planet)
territoire (m)	territory
urbain(e) (adj.)	urban
vallée (f)	valley
voisin(e) (adj.)	neighbouring

2 Specimen sentences

Il y a environ 10 millions d'habitants dans la région parisienne.	There are about 10 million people living in the Paris area.
Comparée à d'autres pays d'Europe occidentale une grande partie de la France est peu peuplée.	Compared with other Western European countries, a large proportion of France is sparsely populated.
La France est moins urbanisée que l'Allemagne et le Royaume-Uni.	France is less urbanised than Germany and the United Kingdom.
La France a pour voisins six états: la Belgique et le Luxembourg au nord, l'Allemagne et la Suisse à l'est, l'Italie au sud-est, et l'Espagne au sud-ouest.	France has six neighbouring states: Belgium and Luxembourg to the north, Germany and Switzerland to the east, Italy to the southeast and Spain to the southwest.
Le territoire de la France a la forme d'un hexagone.	The territory of France is shaped like a hexagon.
La beauté du littoral de la Méditerranée attire beaucoup de visiteurs.	The beauty of the Mediterranean coastline attracts many visitors.
La Loire (1 010 km), la Seine (770 km), la Garonne (650 km) et le Rhône (522 km) sont les plus grands fleuves de France.	The Loire (1,010 km), the Seine (770 km), the Garonne (650 km) and the Rhône (522 km) are the longest French rivers.

| La France doit importer des métaux comme le cuivre, le chrome, le manganèse et le plomb. | France has to import metals like copper, chrome, manganese and lead. |

3 *Specimen paragraph*

| Les paysages dominants de la France sont ceux de plaines (Flandre et Picardie, Landes, Languedoc etc.), de plateaux (Quercy et Périgord, bordure orientale du Bassin parisien, Bretagne etc.) et de moyennes montagnes (Ardennes, Vosges et aussi Massif central). Plus de 60% du territoire est au-dessous de 250 m d'altitude, 7% seulement au-dessus de 1 000 m. | The main features of the French landscape are plains (Flanders, Picardy, the Landes, Languedoc etc.), plateaux (Quercy, Perigord, the eastern edge of the Paris basin, Brittany etc.) and mountains of medium altitude (Ardennes, Vosges and also the Massif Central). More than 60% of France is less than 250 metres above sea level, and only 7% is more than 1,000 metres above sea level. |

Multicultural society

1 *Selected vocabulary*

anti-discriminatoire	anti-discriminatory
assimilation (f)	assimilation
citoyenneté (f)	citizenship
clandestin(e)	illegal immigrant
coutume (f)	custom
culture (f)	culture
diversité (f) culturelle	cultural diversity
échange (m) culturel	cultural exchange
ethnique	ethnic
habitude (f)	habit
identité (f) culturelle/nationale	cultural/national identity
immigration (f)	immigration
immigré(e)	immigrant
Islamophobie (f)	Islamophobia
mettre à l'écart (m)	to hold back (someone)
minorité (f)	minority
multiculturalisme (m)	multiculturalism
pluralisme (m) culturel	cultural pluralism
religieux (m)/religieuse (f) (adj.)	religious

2 Specimen sentences

Les pays multiculturels sont nombreux: les États-Unis, le Canada, la France, la Grande Bretagne, la Belgique, la Suisse, l'Inde, la Chine...

There are many multicultural countries: the USA, Canada, France, Great Britain, Belgium, Switzerland, India, China...

De l'Australie au Canada, le multiculturalisme est de plus en plus contesté. Des gages d'adhésion aux valeurs démocratiques et d'assimilation "à la française" sont désormais demandés aux immigrants.

From Australia to Canada, multiculturalism is being increasingly challenged. Proof of adherence to democratic values and of assimilation in the 'French' sense, is henceforth demanded of immigrants.

En Grande-Bretagne, la Commission pour l'Égalité des Races a ouvertement pris ses distances par rapport au modèle de société multiculturelle, parce que ce modèle, en fin de compte, n'a conduit qu'à un apartheid de fait.

In Great Britain, the Commission for Racial Equality has publicly distanced itself from the model of a multicultural society, because this model, when all is said and done, has only resulted in a de facto apartheid.

3 Specimen paragraphs

Les Français, comme les autres Européens, se prononcent majoritairement en faveur de quotas d'immigration, selon un sondage réalisé par Novatris/Harris Interactive.

The French like other Europeans, declare that they are in favour of immigration quotas, according to a survey carried out by Novatris/Harris Interactive.

Selon ce sondage, les Français resteraient malgré tout plus ouverts que leurs voisins européens. Alors qu'une majorité de Britanniques (67%), d'Italiens (55%), d'Allemands (55%) jugent qu'il y a trop d'immigrés dans leur pays, ils ne seraient que 32% en France à le penser. En Italie, en Grande-Bretagne et en Allemagne, une majorité sont pour l'expulsion des clandestins, mais seuls 34% des Français soutiendraient une telle idée.

According to this survey, the French are, in spite of everything, likely to be more welcoming than their European neighbours. While a majority of British people (67%), Italians (55%), Germans (55%), consider that there are too many immigrants in their country, it appears that there are only 32% in France with similar views. In Italy, Great Britain and Germany, a majority think that illegal immigrants should be deported, but only 34% of French people would support such an idea.

Qu'en pense la baronne Udin (à propos du multiculturalisme)? Dans son bureau de la Chambre des lords, elle ajuste ses lunettes et esquisse un sourire. « Je ne suis pas inquiète, » dit-elle. « Prenez mon cas. J'ai 47 ans. Il y a une trentaine d'années, mes parents et moi, nous nous sentions avant tout bangladais. Et puis, au fil du temps, une nouvelle identité est née. À présent, je me sens musulmane. Certes, mon passeport est britannique, mais la Grande-Bretagne, ce n'est pas une nation, c'est une coalition: même les Écossais ou les Gallois hésitent à se décrire comme britanniques. »

What does Baroness Udin think (about multiculturalism)? In her office in the House of Lords, she adjusts her glasses and smiles faintly. 'I am not worried,' she says. 'Take my case. I am 47. About 30 years ago, my parents and I felt we were, first and foremost, Bangladeshi. And then, over the years, a new identity came into being. At the moment I feel I am Muslim. Sure my passport is British, but Great Britain is not a nation, it's a coalition: even the Scots or the Welsh think twice about describing themselves as British.'

The European Union

1 *Selected vocabulary*

acier (m)	steel
adhésion (f)	joining, membership
charbon (m)	coal
Commission (f) européenne	European Commission
Conseil (m) de l'Europe (f)	Council of Europe
Conseil (m) des ministres (m)	Council of Ministers
Cour (f) de justice (f)	Court of Justice
douane (f)	customs
élargir	to enlarge
élargissement (m)	enlargement
états (m) membres (m)	member states
exigences	demands
fédération (f)	federation
impôt (m)	tax
instaurer	to introduce, initiate, set up
intégration (f)	integration
libre circulation (f) des marchandises (f) des services (m) et des capitaux (m)	free movement of goods, services and capital
marché (m) unique	single market
monétaire (adj.)	monetary
monnaie (f) unique	single currency

Parlement (m) européen	European Parliament
pilier (m)	pillar
politique (f) agricole	agricultural policy
politique (f) de la concurrence	competition policy
politique (f) sociale	social policy
référendum (m)	referendum
soutien (m)	support
traité (m)	treaty
TVA (taxe (f) sur la valeur ajoutée)	VAT
unification (f)	unification
unir	to unite

2 Specimen sentences and paragraphs

Below is an outline of the events charting the history of the European Union.

Date	Evénement	Traduction
18 avril 1951	Le Traité de Paris est signé par la France, l'Allemagne, la Belgique, l'Italie, les Pays-Bas et le Luxembourg. Sollicitée, la Grande Bretagne refuse sa participation. C'est la gestion en commun des industries d'acier et de charbon. (La CECA = la Communauté européenne du charbon et de l'acier.)	The Treaty of Paris is signed by France, Germany, Belgium, Italy, the Netherlands and Luxembourg. Although urged to sign, Great Britain refuses to take part. This treaty means that the steel and coal industries will be run collectively. (The ECSC = the European Coal and Steel Community.)
25 mars 1957	Les mêmes pays signent les deux traités de Rome qui instaurent la Communauté européenne économique (la CEE ou le Marché commun).	The same countries sign the two treaties of Rome, which set up the European Economic Community (the EEC or the Common Market).
janvier 1962	Les premiers règlements concernant la politique agricole commune sont adoptés.	The first rules concerning the Common Agricultural Policy are adopted.
1962	La Grande Bretagne engage des négociations en vue de son adhésion à la CEE.	Great Britain engages in negotiations with a view to joining the EEC.

Date	Evénement	Traduction
1963	Le Général de Gaulle, Président de la France interrompt les négociations. Il n'approuve pas les exigences de la Grande Bretagne.	General de Gaulle, the President of France, breaks off negotiations. He does not approve of Great Britain's conditions.
1er juillet 1968	Les droits de douane aux frontières intérieures sont supprimés.	Customs rights within the frontiers of the Community are abolished.
1er janvier 1973	La communauté est élargie pour la première fois par l'adhésion de trois nouveaux membres: la Grande Bretagne, le Danemark et l'Irlande. La Norvège rejette l'adhésion par référendum.	The Community is enlarged for the first time when three new members join: Great Britain, Denmark and Ireland. Norway rejects membership by referendum.
mars 1979	Le système monétaire euro-péen (SME) est mis en place.	The European monetary system (EMS) is set up.
juin 1979	Premières élections au Parlement européen.	First elections to the European Parliament.
1er janvier 1981	Le nombre d'états membres passe de neuf à dix par l'adhésion de la Grèce.	The number of member states increases from nine to ten with Greece's membership.
1985	Jacques Delors devient prési-dent de la Commission européenne.	Jacques Delors becomes President of the European Commission.
1er janvier 1986	Le nombre des états membres passe de dix à douze par l'adhésion de l'Espagne et du Portugal.	The number of member states increases from ten to twelve with the joining of Spain and Portugal.
février 1986	L'Acte unique est signé. Par cet acte sera réalisée la libre circu-lation des marchandises, des services et des capitaux dans un espace sans frontières à partir du 1er janvier 1993. La "coopération politique" entre les membres sera renforcée.	The Single European Act is signed. This act will enable goods, services and capital to move freely within an area without frontiers, from 1 January 1993. 'Political co-operation' between members will be strengthened.

Date	Evénement	Traduction
février 1992	Le traité de Maastricht est signé. Ce traité établit une Union Européenne (UE) fondée sur trois "piliers". Les deux nouveaux piliers concernent la politique étrangère et la sécurité commune (deuxième pilier) et les affaires intérieures et judiciaires (troisième pilier). Une union monétaire sera réalisée au plus tard le 1er janvier 1999. La CEE devient la CE (la Communauté européenne).	The Maastricht Treaty is signed. This treaty establishes a European Union (EU), based on three 'pillars'. The two new pillars concern foreign policy and joint security (second pillar) and internal and judicial affairs (third pillar). Monetary union is to come into force on 1 January 1999 at the latest. The EEC becomes the EC (the European Community).
1er janvier 1995	L'Autriche, la Suède et la Finlande entrent dans l'Union européenne. Encore une fois la Norvège rejette son adhésion par référendum.	Austria, Sweden and Finland join the European Union. Norway again rejects membership through a referendum.
1er janvier 1999	L'euro est officiellement adopté comme unité de compte. Pour les consommateurs, la découverte des nouveaux billets et pièces a lieu le 1er janvier 2002.	The euro is officially adopted as a unity of account. For consumers, the new banknotes and coins make their appearance on 1 January 2002.
1er mai 2004	Élargissement de l'Union européenne à dix nouveaux membres. Le plus grand élargissement jamais envisagé concernait à l'origine dix pays d'Europe centrale et orientale auxquels s'ajoutaient les îles méditerranéennes de Chypre et Malte. Sur les douze pays en lice, seuls dix adhèrent à l'UE le 1er mai 2004: Chypre, l'Estonie, la Hongrie, la Lettonie, la Lituanie, Malte, la Pologne, la République tchèque, la Slovaquie et la Slovénie. La Roumanie et la Bulgarie devront attendre 2007 pour rejoindre les Vingt-Cinq.	The European Union is enlarged to include 10 new members. The biggest enlargement ever envisaged initially affected 10 countries in central and eastern Europe to which were added the Mediterranean islands of Cyprus and Malta. Of the 12 countries in contention, only 10 become members of the EU on 1 May 2004: Cyprus, Estonia, Hungary, Latvia, Lithuania, Malta, Poland, the Czech Republic, Slovakia and Slovenia. Romania and Bulgaria have to wait until 2007 to join the Twenty-Five.

Date	Evénement	Traduction
29 octobre 2004	Signature du Traité établissant une Constitution pour l'Europe. A l'instar des traités précédents, le Traité établissant une Constitution pour l'Europe doit être ratifié par tous les états membres pour entrer en vigueur. Au printemps 2005, les électeurs français et néerlandais se prononcent contre la constitution.	Signing of the Treaty laying down a Constitution for Europe. Following the example of previous treaties, the Treaty laying down a Constitution for Europe must be ratified by all the member states to come into force. In the spring of 2005, the French and Dutch voters oppose the Constitution.
1er janvier 2007	Deux autres pays d'Europe orientale, la Bulgarie et la Roumanie, ont rejoint l'UE, portant le nombre d'états membres à 27. La Croatie, l'ancienne République yougoslave de Macédoine et la Turquie sont également candidates.	Two more eastern European countries, Bulgaria and Romania, join the EU, bringing the number of member states to 27. Croatia, the former Yugoslav Republic of Macedonia and Turkey are also candidates for membership.

⓿ Common vocabulary problems

This last section will help you with some of the difficulties you might have with vocabulary.

❶ *Hints on gender (word endings)*

Everyone is familiar with the rule of thumb that a French noun ending in 'e' is feminine; by the same token, if the noun does not end with an 'e' then it is masculine. However, several groups of word endings defy this basic rule, as shown in the table opposite.

Masculine word endings		Feminine exceptions
-acle	un miracle	la débâcle
-age	le sondage	la cage, une image, la page, la rage, la plage
-aire	le salaire	
-ège	le collège	
-ème	un problème	
-sme	le réalisme, le sarcasme	
Feminine word endings		**Masculine exceptions**
-aison	la maison	
-sion	la tension	
-tion	une ambition	un bastion
-ée	la journée	le musée, le lycée
-té	la beauté	le côté, le pâté, un traité, un comité
For abstract nouns:		
-eur	la valeur, la chaleur	le labeur, un honneur, le bonheur, le malheur

2 Same spelling, different meanings

Below are some pairs of words with the same spelling but with different meanings when the gender changes.

la tour	high building, e.g. tower (une tour d'habitation = high-rise block)
le tour	the distance round something (e.g. le tour du monde, le tour de France); turn (e.g. c'est mon tour)
la livre	pound (money or weight)
le livre	book
la voile	sail (faire de la voile = to sail)
le voile	veil
la manche	sleeve (la Manche = English Channel)
le manche	handle (le manche à balai = broomstick)

la mode	fashion (e.g. à la mode)
le mode	method, form (e.g. le mode de vie, le mode de transport)
la poste	post office, post (mail) (e.g. mettre une lettre à la poste)
le poste	post (position) (e.g. le poste de douane); set (e.g. le poste de radio)

3 Words often incorrectly spelt

un accueil (a welcome)	amical (friendly)	montagne (mountain)
accueillir (to welcome)	août (August)	raisonnable (reasonable)
aimable (pleasant)	appartement	travail (work)
alcool (alcohol)	(apartment, flat)	vieille (old f)
Allemagne (Germany)	cheveux (hair pl)	

4 Words commonly misused/confused

la licence	university degree
le permis	licence (e.g. permis de conduire)
le magazine	magazine, periodical
le magasin	shop
le peuple	the people (e.g. le peuple français)
les gens	an indeterminate number of people (e.g. les gens sont souvent stupides)
la personne	individual (e.g. je connais cette personne; dans ce restaurant il y a au moins cent personnes)
la tache	spot, stain
la tâche	task (note the 'â')
la ville	city, town
la cité	old word for town or city (e.g. l'île de la cité); also a group of buildings used for the same purpose, i.e. estate
crier	to shout
pleurer	to cry, to shed tears
dire	to say, to tell
parler	to speak
emprunter	to borrow
prêter	to lend
pêcher	to fish
pécher	to sin
aimable	eager to please, pleasant
amical	friendly

énergique	:	energetic
énergétique	:	energy (adj.) (e.g. les ressources énergétiques d'un pays)
obligatoire	:	compulsory
facultatif	:	voluntary
sensible	:	sensitive
sensé	:	sensible
le départ	:	the departure
les parents	:	relations (or parents)
commander	:	to order, e.g. a meal in a restaurant
déçu	:	disappointed
déménager	:	to move house
ignorer	:	to be ignorant of, not to know
réussir	:	to succeed, to be successful (réussir dans la vie = to get on in life)
succéder	:	to succeed, to follow (succéder au titre = to succeed to the title)

2 Verbs

This chapter is subdivided into the following headings:

A Tenses: forms and basic meanings   **G** The imperative
B The uses of the tenses   **H** The present participle
C Notes on tenses   **I** Impersonal forms of verbs
D The forms of the subjunctive   **J** The infinitive
E The uses of the subjunctive   **K** Negative forms
F The passive   **L** Interrogative forms

One of the most common errors made by AS/A2 candidates is the misuse of verbs. Quite often, incorrect verb forms are written or spoken, the wrong tense is used or one tense is taken for another in reading and listening tasks. Therefore, learning the forms of the verbs, both regular and irregular, and the formation and meaning of the tenses should be the basis of any revision programme.

revisionTIPS

- Make sure you know the conjugations of the regular and the main irregular verbs. (These are to be found in textbooks and in grammar books.)

- Learn the formation and meaning of the tenses.

A Tenses: forms and basic meanings

1 'Voir': summary of its tenses and their meaning

1.1 Simple tenses

Tense	Forms	Meaning
Present	je vois, tu vois, il/elle/on voit, nous voyons, vous voyez, ils/elles voient	I see, you see etc.
Perfect	j'ai vu, tu as vu, il/elle/on a vu, nous avons vu, vous avez vu, ils/elles ont vu	I saw/have seen etc.
Imperfect	je voyais, tu voyais, il/elle/on voyait, nous voyions, vous voyiez, ils/elles voyaient	I saw/was seeing etc.
Future	je verrai, tu verras, il/elle/on verra, nous verrons, vous verrez, ils/elles verront	I will see etc.
Conditional	je verrais, tu verrais, il/elle/on verrait, nous verrions, vous verriez, ils/elles verraient	I would see etc.

| Past historic | je vis, tu vis, il/elle/on vit, nous vîmes, vous vîtes, ils/elles virent | I saw etc. |

1 .2 Compound tenses

Tense	Forms	Meaning
Pluperfect	j'avais vu, tu avais vu, il/elle/on avait vu, nous avions vu, vous aviez vu, ils/elles avaient vu	I had seen etc.
Future perfect	j'aurai vu, tu auras vu, il/elle/on aura vu, nous aurons vu, vous aurez vu, ils/elles auront vu	I will have seen etc.
Conditional perfect	j'aurais vu, tu aurais vu, il/elle/on aurait vu, nous aurions vu, vous auriez vu, ils/elles auraient vu	I would have seen etc.
Past anterior	j'eus vu, tu eus vu, il/elle/on eut vu, nous eûmes vu, vous eûtes vu, ils/elles eurent vu	I had seen etc.

2 Reflexive verbs, e.g. 'se coucher'

Reflexive verbs are formed in the same way as non-reflexive verbs but with the addition of the reflexive pronouns. The compound tenses are formed with the verb 'être'.

Tense	Forms	Meaning
Present	je me couche, tu te couches, il/elle/on se couche, nous nous couchons, vous vous couchez, ils/elles se couchent	I go to bed etc.
Pluperfect	je m'étais couché(e), tu t'étais couché(e), il/on s'était couché, elle s'était couchée, nous nous étions couché(e)s, vous vous étiez couché(e)(s), ils s'étaient couchés, elles s'étaient couchées	I had gone to bed etc.

B The uses of the tenses

When you have a firm grasp of the formation of the tenses and their basic meaning, you are in a good position to revise their various uses.

1 The present tense

This is the tense used to speak about what 'is happening' now or what 'happens' as a general rule:

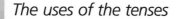

Que fais-tu en ce moment? Je lis un roman français.

: What are you doing at the moment? I am reading a French novel.

Note that, in the above sense, where one word is used in French ('lis') two are used in English ('am reading').

Que fais-tu le dimanche? Je lis, je promène le chien et je vais au cinéma.

: What do you do on Sunday(s)? I read, walk the dog and go to the cinema.

2 The perfect tense

The name of this tense in French — 'le passé composé' — describes it well as it is made up, or composed, of two parts: the present tense of either 'avoir' or 'être' and the past participle of the verb. It is generally used to express actions in the past which are now completed:

Qu'as-tu fait hier? Le matin j'ai fait mes devoirs, l'après-midi j'ai fait une longue promenade et le soir je suis sorti(e).

: What did you do yesterday? In the morning I did my homework, in the afternoon I went for a long walk and in the evening I went out.

It is also used where the speaker wants to express both elements of the perfect tense, the past and the present:

As-tu fini ton déjeuner?

: Have you finished your lunch?

Note that, for this use of the perfect tense, there are two parts in both languages: in French, the present tense of 'avoir' and the past participle; and in English, the present tense of 'to have' and the past participle. The example below shows this use of the perfect tense:

J'ai toujours aimé les romans de Balzac.

: I have always liked Balzac's novels.

This suggests that the speaker liked to read the novels and still likes to read them.

3 The imperfect tense

This is another past tense, which conveys three kinds of action.

3.1 Past continuous, i.e. what was happening

Que faisais-tu quand je suis arrivé(e)? Je regardais la télé.

: What were you doing when I arrived? I was watching television.

3.2 Habitual, or what used to happen

Quand j'étais petit(e), j'allais tous les jours au jardin public où je jouais avec les autres enfants.

: When I was little I used to go to the park every day, where I used to play with the other children.

Note that in English you could say 'I went' and 'I played', but the sense is clearly that these actions were habitual, i.e. they were carried out regularly, so the use of the imperfect tense is necessary.

Here is another example of the imperfect used to convey a similar idea:

Nous habitions les bâtiments du Cours supérieur de Sainte-Agathe. Mon père, que j'appelais M. Seurel, comme les autres élèves, y dirigeait à la fois le Cours supérieur, où l'on préparait le brevet d'instituteur, et le Cours moyen. Ma mère faisait la petite classe.	We used to live on the premises of the secondary school of Sainte-Agathe. My father, whom I addressed as Monsieur Seurel, just as the other pupils did, taught the senior class, who were preparing for the teacher's certificate, as well as the lower class, in this building. My mother took the younger pupils.

All the verbs in this extract (from the novel *Le Grand Meaulnes* by Alain-Fournier) are in the imperfect tense because the author is looking back to his childhood and expressing what happened day after day.

3.3 Descriptive, or conveying a state of affairs

Le ciel était sombre.	The sky was dark.
Il paraissait très troublé de me voir.	He seemed very disturbed to see me.

4 The future tense

The future tense expresses what will happen:

Je partirai à deux heures.	I will leave at 2 o'clock.

5 The conditional tense

This expresses what would happen:

Si j'étais riche j'achèterais une grande maison.	If I were rich I would buy a big house.

6 The past historic tense

This is a tense used in books and other types of formal writing. It describes a finished action in the past:

Jean Marchand ouvrit la porte d'entrée, sortit puis se dirigea vers l'arrêt d'autobus.	Jean Marchand opened the front door, went out and then headed towards the bus stop.

7 The pluperfect tense

This expresses what had happened. Note that, as its French name ('le plus-que-parfait') suggests, the pluperfect tense describes an action which is placed one stage further back in the past than an action described by the perfect tense. This is shown in the following example:

Elle était déjà partie quand je suis arrivé(e).

⋮ She had already left when I arrived.

8 The future perfect tense

This expresses what will have happened:

J'aurai fini mon repas avant votre arrivée.

⋮ I will have finished my meal before you arrive.

9 The conditional perfect tense

This expresses what would have happened:

Je me serais levé(e) de plus bonne heure si vous m'aviez réveillé(e).

⋮ I would have got up earlier if you had woken me up.

10 The past anterior tense

The past anterior is used only when the main tense is the past historic. It has the same meaning as the pluperfect, which it replaces in time clauses introduced by 'quand', 'après que', 'aussitôt que', 'dès que'. This tense is made up of the past historic of 'avoir' or 'être' and the past participle:

Quand il eut appris la nouvelle, il s'assit.

⋮ When he had heard the news he sat down.

Dès qu'il fut arrivé, il me téléphona.

⋮ As soon as he had arrived, he telephoned me.

C Notes on tenses

1 The 'depuis' construction

The present tense used with 'depuis' is translated by the perfect tense in English:

Michel, depuis combien de temps lis-tu? Je lis ce roman depuis une heure au moins.	Michel, how long have you been reading? I have been reading this novel for at least an hour.

When the imperfect tense is used with 'depuis' it is translated by the pluperfect:

Marie était absente depuis plusieurs heures.	Marie had been away for several hours.

Note that in both examples the event described is/was still going on. Michel is still reading and Marie was still absent.

2 When to use the imperfect with the past historic

In a narrative in the past tense, the writer will use either the perfect tense or the past historic to describe the finished actions. The imperfect tense will be used when it is appropriate. In the following text, in which the main narrative tense is the past historic, the type of use of the imperfect is indicated in the notes below the two passages.

Dès le petit jour, il se reprit à marcher. Mais son genou enflé lui **faisait** (1) mal; il lui **fallait** (2) s'arrêter et s'asseoir à chaque moment tant la douleur **était** (3) vive. L'endroit où il **se trouvait** (4) **était** (5) d'ailleurs le plus désolé de la Sologne. De toute la matinée, il ne vit qu'une bergère, à l'horizon, qui **ramenait** (6) son troupeau. Il la héla, essaya de courir, mais elle disparut sans l'entendre.	At daybreak he started to walk again. But his swollen knee was hurting him and he had to stop and sit down every few moments, so acute was the pain. The spot in which he found himself was, moreover, the most lonely one in the Sologne. During the course of the morning he only saw one shepherdess on the horizon, bringing in her flock. He called to her, tried to run, but she disappeared without hearing him.
Il continua cependant de marcher dans sa direction, avec une désolante lenteur…. Pas un toit, pas une âme. Et, sur cette solitude parfaite, **brillait** (7) un soleil de décembre, clair et glacial.	Still he continued walking towards her, but his progress was desperately slow…. Not a roof, not a soul was to be seen. And over this perfect solitude shone the December sun, brilliant and cold.

(1) continuous; (2) continuous; (3) descriptive; (4) describes the state of affairs at that moment; (5) descriptive; (6) continuous; (7) descriptive

3 | ## The 'venir de' + infinitive construction

When 'venir de' is used in the present tense it is translated by 'has/have just...'; when it is used in the imperfect it translates as 'had just...':

Je viens de lire le journal.	I have just read the newspaper.
Ils viennent d'arriver.	They have just arrived.
Nous venions d'acheter une voiture neuve.	We had just bought a new car.

4 | ## Tenses after 'si'

In the following sentence there are two parts; one expresses a condition introduced by 'si' and the other expresses the result of that condition:

Si j'allais en France cet été j'irais à Nice.	If I were going to France this summer I would go to Nice.

If the result clause is in the conditional tense, as in the sentence above, then the clause expressing a condition should be in the imperfect tense. If the result clause is in the conditional perfect, the 'if' clause is in the pluperfect:

Nous aurions fini le travail si nous avions fait un plus grand effort.	We would have finished the work if we had tried harder.

When the main clause is in the future tense the 'si' clause is in the present tense:

S'il fait beau cet après-midi on ira à la plage.	If the weather is fine this afternoon we'll go to the beach.

5 | ## 'Devoir' used with an infinitive

The following examples indicate the meaning of the tenses of this modal verb when it is used with the infinitive:

Je dois lire ce livre.	I must read this book.
Elle devait aller à Londres.	She had to go/was due to go to London.
J'ai dû le faire.	I had to do it (i.e. I was obliged to do it)/I must have done it.
Tu devrais te reposer.	You should/ought to rest.

| Nous aurions dû aider cette vieille dame. | We should have helped that old lady. |

Note that, as in the last example, the infinitive does not change in French. Here is another example to emphasise this point:

| Il a dû souffrir. | He must have suffered. |

6 The future tense after 'quand', 'lorsque', 'dès que' and 'aussitôt que'

In the following sentence the verb of the clause introduced by 'quand' is in the future tense; in English it would normally be in the present tense:

| Quand je quitterai le lycée, j'irai aux États-Unis. | When I leave school I'll go to the USA. |

| Dès que nous arriverons à la maison, nous mangerons. | As soon as we arrive home we'll have something to eat. |

D The forms of the subjunctive

1 The present subjunctive

The present subjunctive is formed by adding the endings to the stem of the present participle:
finissant: je finiss**e**, tu finiss**es**, il/elle/on finiss**e**, nous finiss**ions**, vous finiss**iez**, ils/elles finiss**ent**

There are exceptions to this rule, the most notable being 'être'. The forms of its present subjunctive are:
je sois, tu sois, il/elle/on soit, nous soyons, vous soyez, ils/elles soient

2 The perfect subjunctive

The perfect subjunctive is made up of the present subjunctive of the auxiliary verb — 'avoir' or 'être' — plus the past participle:
j'aie vu, tu aies vu etc.
je sois arrivé(e), tu sois arrivé(e) etc.

E The uses of the subjunctive

The subjunctive is used after:
- verbs expressing a wish
- verbs expressing fear
- other verbs or verbal phrases expressing emotion
- verbs or verbal phrases expressing uncertainty
- verbs or verbal phrases expressing a judgement on the action involved
- 'bien que', 'quoique', 'avant que', 'pour que', 'afin que'

1 Verbs expressing a wish

désirer que, vouloir que

Je veux que tu me dises tout. : I want you to tell me everything.

2 Verbs expressing fear

avoir peur que, craindre que

J'ai peur qu'elle ne le fasse. : I am afraid she will do it.

(Note that 'ne' precedes the dependent verb but does not make the sentence negative.)

3 Other verbs or verbal phrases expressing emotion

regretter que, se fâcher que, avoir honte que, être content que

Maman est contente que je sois rentré. : Mother is pleased I came home

4 Verbs or verbal phrases expressing uncertainty

il est possible que, il semble que

Il est possible que les mesures prises : The measures taken by the
par le gouvernement puissent résoudre : government might solve the
les problèmes causés par la pollution. : problems caused by pollution.

5 Verbs or verbal phrases expressing a judgement on the action involved

Il faut que tu m'écrives.	You must write to me.
Il est nécessaire que tu le fasses.	You must do it.
Il vaut mieux que tu ne dises rien.	It is better if you say nothing.

6 'Bien que', 'quoique', 'avant que', 'pour que', 'afin que'

Bien que mon frère se soit caché, je l'ai trouvé.	Although my brother hid, I found him.

F The passive

This construction seems to cause problems for many candidates. Try to remember that essentially it is formed in the same way as the passive is formed in English, i.e. the appropriate tense of the verb 'to be' followed by the past participle of the second verb:
The house **is/was/will be** etc. **built**.

The second thing to remember is that in French the past participle must show its agreement with the noun(s) which is/are having something done to them:
Les maisons (f pl) seront construit**es**.

The following table gives you all the tenses of the passive.

Tense	Sentence	Translation
Present	La lettre est ouverte par le secrétaire.	The letter is opened by the secretary.
Perfect	La lettre a été ouverte…	The letter was/has been opened…
Imperfect	La lettre était ouverte…	The letter was opened…
Future	La lettre sera ouverte…	The letter will be opened…
Conditional	La lettre serait ouverte…	The letter would be opened…
Past historic	La lettre fut ouverte…	The letter was opened…
Pluperfect	La lettre avait été ouverte…	The letter had been opened…

Future perfect	La lettre aura été ouverte…	The letter will have been opened…
Conditional perfect	La lettre aurait été ouverte…	The letter would have been opened…
Past anterior	Dès que la lettre eut été ouverte…	As soon as the letter had been opened…

G The imperative

This form of the verb expresses a command:

Rends-moi le livre! : Give the book back to me!

The following table gives the forms of the three regular conjugations of the imperative:

tu	donne	rends	remplis
nous	donnons	rendons	remplissons
vous	donnez	rendez	remplissez

As 'aller' is an *-er* verb, the 'tu' form is 'va'.

In the case of reflexive verbs the pronoun comes after the verb and it is the disjunctive form:
lave-toi, lavons-nous, lavez-vous

In the negative form the pronoun comes before the verb:
ne te lave pas, ne nous lavons pas, ne vous lavez pas

H The present participle

The present participle is formed from the 'nous' form of the present tense of the verb:
remplir: remplissons > remplissant ('-ant' replaces '-ons')

Exceptions to this rule are: être > étant; savoir > sachant; avoir > ayant

1 The present participle as a verb

As a verb, the present participle is used in the following ways.

- To replace a relative clause which describes a noun:

Il a écrit un roman décrivant (= qui décrit) sa jeunesse. : He wrote a novel describing his youth.

- To present events happening in sequence:

Refermant la porte, elle quitta le mystérieux endroit.	Closing the door, she left the mysterious place.

- With 'en', to show an event is happening at the same time as another:

Elle se rapprochait de moi en souriant.	She came up to me with a smile on her face (smiling).

- With 'en', to express means:

Complétez ce tableau en cochant la bonne case.	Complete this table by ticking the correct box.

- With 'en', to express manner:

Il est parti en riant.	As he left he was laughing.

2 *The present participle as an adjective*

Les étoiles étincelantes	The twinkling stars
Les visages grimaçants	The grimacing faces

Note that here the present participle agrees with the noun it describes.

Impersonal forms of verbs

These are used only in the third person singular. The verbs concerned are 'falloir', 'manquer', 'rester', 'avoir' ('il y a' and all its tenses) and 'faire' in phrases describing weather:

Il m'a fallu encore deux heures.	It took me another 2 hours.
Il ne leur manque rien.	They need nothing.
Il ne nous restait rien.	We had nothing left.
Il y avait au moins cent mille spectateurs.	There were at least 100,000 spectators.
Il fait beau.	The weather is fine.

J The infinitive

1 Verbs followed by an infinitive

The infinitive is not preceded by a preposition after the following verbs:

adorer	devoir	pouvoir
aimer	espérer	préférer
aimer mieux	falloir	savoir
aller	laisser	sembler
compter	oser	venir
désirer	paraître	vouloir
détester	penser	

Je compte aller en Italie à la fin du mois.	I intend to go to Italy at the end of the month.

The infinitive is preceded by the preposition 'à' after the following:

aider	continuer	persister
s'amuser	se décider	se préparer
apprendre	demander	renoncer
arriver	hésiter	réussir
commencer	se mettre	tarder
consentir	s'occuper	tenir

Il a demandé à parler au professeur.	He asked to speak to the teacher.
Nous nous sommes mis à rire.	We began to laugh.

The infinitive is preceded by the preposition 'de' after the following:

accepter	défendre	promettre
s'arrêter	essayer	proposer
avoir l'air	éviter	refuser
avoir besoin	faire bien	regretter
avoir envie	faire semblant	rêver
avoir honte	finir	risquer
avoir l'intention	interdire	souhaiter
avoir peur	menacer	se souvenir
avoir raison	mériter	suggérer
avoir tort	négliger	il s'agit
cesser	offrir	il est temps
décider	oublier	

Tu as tort de te mettre en colère.	It's wrong of you to get angry.
Ils menacent de produire des armes nucléaires.	They are threatening to produce nuclear weapons.

Note the construction 'verb + "à" + indirect object + "de" + infinitive' after the following:

commander	dire	promettre
conseiller	interdire	proposer
défendre	ordonner	recommander
demander	permettre	reprocher

Le prof a dit aux enfants de se taire.	The teacher told the children to be quiet.
Elle lui a défendu de le faire.	She forbade him/her to do it.

2 Dependent infinitives

- faire:

Elle a fait construire une grande maison.	She had a big house built.

- entendre:

Nous avons entendu parler de cet auteur.	We have heard about that author.

- voir:

Ils l'ont vu sortir.	They saw him come out.

- laisser:

On l'a laissé conduire la voiture.	He was allowed to drive the car.

3 The perfect infinitive

This is formed with the infinitive 'avoir' or 'être' acting as the auxiliary plus the past participle of the main verb, e.g. 'avoir parlé', 'être sorti(e)', 's'être levé(e)(s)'. It is used in the construction 'après avoir/être' + past participle:

Après avoir parlé il a bu de l'eau.	After having spoken he drank some water.
Après être sortie elle a pris un taxi.	After going out she took a taxi.
Après m'être levé(e) je me suis habillé(e).	After getting up I got dressed.

K Negative forms

Negative form	Example	Translation
ne...pas	Je ne parle pas.	I am not speaking.
ne...rien	Je ne dis rien.	I am not saying anything.
ne...jamais	Il n'y va jamais.	He never goes there.
ne...plus	Nous n'habitons plus Paris.	We no longer live in Paris.
ne...personne	Je ne vois personne.	I can't see anyone.
ne...ni...ni...	Il n'y a ni cinémas ni théâtres dans cette ville.	There are neither cinemas nor theatres in this town.
ne...que	Nous n'avions que 100 euros.	We had only 100 euros.
ne...guère	Je n'utilise guère les transports en commun.	I hardly use public transport.
ne...aucun(e)	Il n'y a aucune raison de le faire.	There is no reason to do it.
ne...nul	Elle n'a nul besoin de vous voir.	She has no need to see you.

As you can see from the table, a negative form normally has two parts, the first of which — 'ne' — precedes the verb. When the verb is in a compound tense, 'pas', 'plus', 'jamais', 'guère', 'rien' precede the past participle:

Il n'a guère parlé.	He scarcely spoke.
Elle n'avait jamais eu l'intention de le faire.	She had never intended to do it.

You can use 'personne', 'rien', 'aucun' and 'nul' as the subject of the verb. Don't forget the 'ne', which precedes the verb:

Aucun des élèves n'a voulu se taire.	None of the pupils would be quiet.
Rien n'est arrivé.	Nothing happened.

Note that in the case of 'ne...personne' used in a compound tense, 'personne' follows the past participle:

Je n'ai vu personne.	I did not see anyone.

L Interrogative forms

In spoken French a question is often indicated by a rise in intonation:

Tu as mangé? ↗ ⠿ Have you eaten?

In written and spoken French, inversion of the subject and verb is also used: As-tu mangé?

If the subject of the sentence is a noun, i.e. not a pronoun, the noun comes first in the sentence and is repeated by a personal pronoun, which comes after the verb:

Les transports en commun sont-ils plus ⠿ Is public transport more comfortable
confortables que nos propres voitures? ⠿ than our own cars?

3 Other grammar items

The following grammar items are given in the order in which they appear in the specifications of the new AS/A2 examinations published by the examining bodies. The items in this chapter are as follows:

A Articles
B The plural of nouns
C Adjectives
D The comparative
E The superlative
F Demonstrative adjectives
G Indefinite adjectives
H Possessive adjectives
I The interrogative adjective ('quel')
J Adverbs

K Interrogative pronouns ('comment' and 'quand')
L Quantifiers, intensifiers ('assez', 'beaucoup', 'très')
M Pronouns
N Indirect speech
O Inversion after speech
P Prepositions
Q Conjunctions
R Numerals
S Time

A Articles

1 The definite article

le, la, les = the

Gender/number	Article	Examples
Masculine singular	le	le magasin
Feminine singular	la	la terre
Before vowels and silent 'h'	l'	l'eau (f), l'arbre (m), l'homme (m)
Before plural nouns, masculine and feminine	les	les élèves, les filles, les garçons

Sometimes in French a definite article is used before a noun when it is absent in English. This happens before certain kinds of nouns. Some of these are given in the following table.

Kind of noun	Examples	Translation
Abstract nouns	La **société** moderne est plus ouverte aux nouvelles **idées** que la **société** du dix-neuvième siècle.	Modern society is more open to new ideas than nineteenth-century society.
Names of languages and school subjects	Elle aime le **français** mais n'aime pas la **physique**.	She likes French but does not like physics.
	J'apprends le **japonais**.	I am learning Japanese.

Names of sports and pastimes	Le **cricket** est un sport qui risque de disparaître.	Cricket is a sport which is in danger of disappearing.
	On considère que les **échecs** sont un jeu pour les intellectuels.	Chess is thought of as a game for intellectuals.
Names of illnesses	La **poliomyélite** est une maladie infectieuse.	Poliomyelitis is an infectious disease.
Names of arts and sciences	J'ai étudié la **sculpture** et la **chimie**.	I studied sculpture and chemistry.
Names of countries, continents, provinces, mountains and rivers	Le **Québec** est l'une des provinces du **Canada**.	Quebec is one of the provinces of Canada.
Names of food, drink and meals	J'adore les **fromages** de France.	I love French cheeses.
Names of colours	Ce peintre utilise énormément le **rouge**, le **noir** et le **jaune**.	This painter uses red, black and yellow a great deal.
Days of the week viewed as a regular time	Ce magazine sort le **lundi**.	This magazine comes out on Mondays (i.e. every Monday).
When a noun refers to all of a kind	Les **chiens** sont adorables.	Dogs are adorable.

Sometimes it is necessary to omit the definite article:

● In lists:

On voit dans cette ville des exemples de toutes les styles d'architecture: gothique, roman, baroque.	In this town you can see examples of all kinds of architecture: Gothic, Romanesque, baroque.

● Before nouns in apposition:
The definite article is omitted before a noun which is repeated in another form immediately after a comma. The second noun is said to be in apposition to the first.

C'est Nicolas Sarkozy, président de la République.	This is Nicolas Sarkozy, the President of the Republic.

2 | *The indefinite article*

un, une = a, an
des = some

Gender/number	Article	Examples
Masculine singular	un	un arbre, un médecin
Feminine singular	une	une école, une femme
Plural	des	des arbres, des femmes

The indefinite article is sometimes omitted in French when it is used in English. The table below contains some of the most common cases of omission.

Case	Examples	Translation
When a noun is in apposition	À Strasbourg, ville de l'est de la France, se trouve le Parlement européen.	The European Parliament is in Strasbourg, a town in the east of France.
In front of 'cent' and 'mille'	Dans cette école il y a mille élèves.	There are a thousand pupils in this school.
In front of jobs and professions after 'être' and 'devenir'	Mon père est pompier. Elle est devenue professeur.	My father is a fireman. She became a teacher.
In front of a noun, or adjective + noun, that follows 'quel'/ 'quelle'/'quels'/'quelles' in an exclamation	Quel livre! Quelle belle ville!	What a book! What a beautiful city!

3 The partitive article

du, de l', de la, des = some

Gender/number	Article	Examples
Masculine singular	du	du lait
Feminine singular	de la	de la viande
Masculine and feminine plural	des	des livres
Before a vowel or silent 'h', feminine and masculine	de l'	de l'argent, de l'herbe

In some cases the partitive becomes 'de' or 'd':
- After a negative, e.g. Il n'y a plus de places. Ils n'ont jamais d'argent.
- In some expressions of quantity, e.g. Il y a beaucoup d'élèves.
- In front of the adjective when it precedes the noun, e.g. Il y a toujours de jolies fleurs dans cette maison.

B The plural of nouns

Generally an 's' is added to the noun to form the plural:

le livre > les livres; la maison > les maisons; l'arbre > les arbres

Here are some exceptions to this general rule:

Exception	Examples
Add nothing to nouns ending in 's', 'x' or 'z'	l'os > les os; la noix > les noix; un nez > des nez
Generally the '-al' ending changes to '-aux'	le local > les locaux
Add an 'x' to nouns ending in '-au', '-eau' and '-eu'	le noyau > les noyaux; l'eau > les eaux; le feu > les feux

Here are some plurals that often give trouble to students:

le bal > les bals
le ciel > les cieux
madame > mesdames
mademoiselle > mesdemoiselles
monsieur > messieurs
un oeil > des yeux
le pneu > les pneus
le travail > les travaux

C Adjectives

Adjectives are words which describe nouns and with which they show agreement. For example: 'Voici des maisons.' If you add the colour 'vert' to describe 'maisons' (f pl), the sentence becomes 'Voici des maisons vert**es**'.

1 Forms of adjectives

- In general, to form the feminine of an adjective an 'e' is added; to form the plural an 's' is added.

- There are, however, a number of adjectives whose feminine form does not completely conform to the above rule. In these cases the spelling of the adjective indicates what the feminine form will be. For example, if the masculine form of the adjective ends in '-as', the feminine form is '-asse': bas > basse: la maison est basse.

  Here are some mrore unusual feminine forms:
  -el > -elle: intellectuel > intellectuelle: la vie intellectuelle
  -er > -ère: minier > minière: des ressources minières
  -en > -enne: indien > indienne: une robe indienne

-et > -ette: muet > muette: elle est restée muette
-eux > -euse: heureux > heureuse: une heureuse étoile
-if > -ive: actif > active: c'est une personne active
-il > -ille: gentil > gentille: elle est très gentille
-on > -onne: mignon > mignonne: elle est mignonne comme tout

- The following is a list of feminine forms which do not fall into any of the categories above:

aigu > aiguë	jaloux > jalouse
blanc > blanche	long > longue
bref > brève	mou > molle
doux > douce	public > publique
faux > fausse	sec > sèche
favori > favorite	secret > secrète
fou > folle	sot > sotte

- If the masculine form of the adjective ends in an 'e', you do not add an 'e' to form the feminine. It remains the same:
un garçon timide; une fille timide

You do, however, add an 'e' if the adjective (masculine form) ends in 'é':
Il est fatigué. Elle est fatiguée.

- The following adjectives have an extra masculine form:
beau + bel; fou + fol; nouveau + nouvel; vieux + vieil

These are used in front of a masculine singular noun beginning with a vowel or a silent 'h':
un **bel** arbre/homme; un **fol** espoir; un **nouvel** élève; un **vieil** ami

- When you use a noun as an adjective you do not make it agree with its noun. It is invariable:
Il portait toujours une cravate citron.

2 The position of adjectives

- In the 'adjective(s) + noun' formula the adjectives are generally placed second:
C'est une femme gracieuse et généreuse.

- There are some adjectives which are normally placed before the noun. Here is a list of the most common of these:
beau, bon, gentil, grand, gros, haut, jeune, joli, long, mauvais, méchant, nouveau, petit, premier, vaste, vieux
un bel homme intelligent; une vaste maison verte

- The placing before or after the noun of some adjectives determines their meaning. This is a fairly common source of error in exams and can alter the meaning the candidate wants to convey. For example:

un ancien élève	a former pupil
un livre ancien	an old book

un certain nombre de personnes	some people (number not known)
une mort certaine	certain death (there is no doubt)
ma chère femme	my dear wife (affection)
une vie chère	an expensive life
mon dernier atout	my last trump (no trumps after this one)
l'année dernière	last year (the one before this year)
j'ai lu le même livre	I read the same book (identical)
elle est la générosité même	she is generosity itself
le pauvre homme!	the poor man! (expresses pity)
une famille pauvre	a poor family (with few resources)
je l'ai vu de mes propres yeux	I saw him with my own eyes (possession)
il porte toujours une chemise propre	he always wears a clean shirt
une simple formalité	a mere formality (nothing more)
un coeur simple	a pure heart/soul (without guile)
ce sont de vraies perles	they are real pearls (genuine)
c'est une histoire vraie	it's a true story (not fiction)

D The comparative

A comparative phrase is made by placing 'plus' (more), 'moins' (less) or 'aussi' (as) before the adjective:
plus grand = bigger; moins grand = less big; aussi grand = as big

The French for 'than' is 'que'. Here are three sentences where one thing is being compared with another:

La tour Eiffel est plus élevée que la colonne de Nelson.	The Eiffel Tower is higher than Nelson's Column.
La colonne de Nelson est moins élevée que la tour Eiffel.	Nelson's Column is lower than/not as tall as the Eiffel Tower.
La tour Eiffel est aussi connue que la statue de Liberté.	The Eiffel Tower is as well known as the Statue of Liberty.

Remember that the comparative form of 'bon' is 'meilleur':

La voiture de mon frère est meilleure que ma voiture.	My brother's car is better than my car.

E # The superlative

The superlative is made up of 'le', 'la' or 'les' + 'plus' or 'moins':

Jean est le plus grand élève de la classe.	Jean is the tallest pupil in the class.
Ces bijoux sont les plus précieux du monde.	These jewels are the most precious in the world.
C'est le roman le moins intéressant!	It is the least interesting novel!

le meilleur, la meilleure, les meilleur(e)s = the best:
c'est mon meilleur ami; c'est ma meilleure amie; ce sont mes meilleur(e)s ami(e)s

F # Demonstrative adjectives

This is the name given to the words for 'this', 'that' and 'these'.

Gender/number	Demonstrative adjective	Examples
Masculine singular	ce	ce livre
Before vowels and silent 'h'	cet	cet arbre, cet homme
Feminine singular	cette	cette maison
Masculine and feminine plural	ces	ces livres, ces arbres, ces maisons

G # Indefinite adjectives

These are adjectives (e.g. 'quelque') used with a noun to indicate a vague or indeterminate idea:

Il a été absent pendant quelque temps.	He was absent for some time.

The more commonly used indeterminate adjectives are 'autre', 'chaque', 'différent' and 'quelque':

Avez-vous d'autres nouvelles à me donner?	Have you any other news to give me?
Chaque élève doit apprendre la leçon par cœur.	Each (every) pupil must learn the lesson by heart.

Différentes personnes m'ont donné cette nouvelle. : I was given that news by several : people.

(Note that there is no 'de' in front of 'différentes', which comes immediately in front of the noun.)

There are two indefinite adjectives which have separate forms for masculine, feminine and plural: tel, telle, tels, telles (such, such as); and tout, toute, tous, toutes (all, every).

1 *Tel etc.*

- Preceding the noun:

Je n'ai jamais vu une telle voiture. : I have never seen such a car.

Note that an indefinite article precedes 'telle'. In the plural it is preceded by 'de':

Je n'ai jamais vu de telles voitures. : I have never seen such cars.

- With 'que' in a comparison:

Les voitures étaient telles que tu me les as dépeintes. : The cars were just as you had : described them to me.

2 *Tout etc.*

The main uses of this indefinite adjective are as follows:

- As-tu rapporté tous les livres? : Have you brought back all the : books?

- Il a lu tout le livre. : He has read all of the book/the : whole book.

- Je le vois tous les jours. : I see him every day.

H Possessive adjectives

Masculine singular	Feminine singular	Masculine and feminine plural	Meaning
mon	ma	mes	my
ton	ta	tes	your (using tu)
son	sa	ses	his, her, its
notre	notre	nos	our
votre	votre	vos	your (using vous)
leur	leur	leurs	their

The form of the possessive adjective depends on the gender and number of the noun:

sa sœur	his/her sister
nos livres	our books

Remember that you use 'mon', 'ton', 'son' in front of a singular noun beginning with a vowel or a silent 'h':
mon idée, mon autre fille, mon histoire

I The interrogative adjective ('quel')

The forms of this adjective are: 'quel', 'quelle', 'quels', 'quelles'. It is found only when it is qualifying a noun, with which it agrees in number and gender.

- Used immediately in front of the noun:

Quel temps!	What weather!
Quelle page?	What page?
Dans quel magasin l'avez-vous trouvé?	In which shop did you find it?

- Used when separated from its noun by a form of 'être':

Quels sont vos films préférés?	What are your favourite films?

J Adverbs

Adverbs are words that show the way in which something is done. They qualify a verb:

Il parle.	He speaks.
Il parle doucement.	He speaks quietly.
Elle écoutait.	She was listening.
Elle écoutait poliment.	She was listening politely.

1 Formation of adverbs

- In most cases adverbs are formed by adding '-ment' to the feminine form of the adjective, or to the masculine form when it ends in a vowel:
  doux: douce + ment > doucement
  poli: poli + ment > poliment

- When the adjective ends in '-ent' or '-ant' the ending of the adverb becomes '-emment' and '-amment' respectively:
  prudent > prudemment
  élégant > élégamment

- An exception to this rule is 'lent'. Its adverb is 'lentement'.

- Here are some adverbs which do not quite conform to the rules above:
  énorme > énormément
  précis > precisément
  profond > profondément

- There are also some irregular forms:
  bon > bien
  bref > brièvement
  gentil > gentiment
  mauvais > mal
  meilleur > mieux

- Where an adjective does not have an adverb form, e.g. 'charmant', an adverbial phrase must be used:
  d'une manière charmante; avec charme

- You can form an adverbial phrase from most adjectives:
  d'une manière élégante; avec élégance

2 Position of adverbs

In sentences, the adverb or adverbial phrase normally comes after the verb:
Il s'habillait élégamment/d'une manière élégante.
Il m'attendait toujours à l'arrêt d'autobus.

The adverb or adverbial phrase comes before an adjective when it is qualifying it:
Il est fabuleusement riche.

3 Adjectives used as adverbs in set expressions

chanter/jouer faux	to sing/play out of tune
coûter/vendre/acheter cher	to cost/sell/buy at a high price
parler haut/bas	to speak loudly/softly
sentir bon/mauvais	to smell good/bad
voir clair	to see clearly

4 | Comparison

As with adjectives, you add 'plus' or 'moins' to the adverb:

Il parle plus vite que moi.	He speaks more quickly than I do.
Il court moins vite que moi.	He does not run as fast as I do.

5 | Superlative

For the superlative form, add 'le plus' to the adverb:

Il court le plus vite.	He runs the fastest.

Remember that 'mieux' is the comparative adverb from 'bon'. 'Le mieux' is then the superlative:

Elle écrit mieux que moi.	She writes better than I do.
Cette équipe a le mieux joué.	This team played the best.

K Interrogative pronouns ('comment' and 'quand')

1 | Comment?

(de quelle manière…?; par quel moyen…?)

Comment êtes-vous venu? Par le train.	How (by what form of transport) did you get here? By train.

2 | Quand?

(à quel moment…?; dans quel temps…?)

Quand êtes-vous arrivé(e)?	When did you arrive?
Depuis quand pratiquez-vous ce sport?	How long (since when) have you been doing this sport?

L Quantifiers, intensifiers ('assez', 'beaucoup', 'très')

When using this kind of adverb, remember the following points.

1 Assez (suffisamment)

It can be used with an adjective or another adverb, which it normally precedes:

Cette boisson n'est pas assez sucrée.	This drink is not sweet enough.
Je pense que cette voiture roule assez vite.	I think that this car goes quite fast.

Note its position when used with a compound verb:

J'ai assez mangé.	I've had enough to eat.

2 Beaucoup

You should not qualify 'beaucoup' with another adverb; 'très beaucoup' is therefore not admissible.

3 Très

You can use it:

- in front of an adjective, e.g. elle est très riche
- in front of another adverb (but not 'beaucoup'), e.g. il lit très mal
- in front of nouns in certain expressions with 'faire' and 'avoir', e.g. il faisait très froid; nous avons très faim

M Pronouns

1 Subject pronouns

je	I
tu	you (singular and familiar form)
il	he, it (when referring to an inanimate noun or in a sentence like 'il est évident que cette réponse est fausse' — it is obvious that that answer is wrong)

elle	she, it (when referring to an inanimate noun)
on	one, we, they, people
nous	we
vous	you (plural or singular formal)
ils	they (referring to a masculine noun)
elles	they (referring to a feminine noun)

'Ce' can also be used as a subject pronoun:

C'est vrai.	It is true.
Ce n'est pas vrai.	It is not true.

Some examples of the use of 'on':

On dit que Marie va se marier avec Philippe.	They/people say that Marie is going to marry Philippe.
On traverse?	Shall we cross?

2 Object pronouns

me	me, to me
te	you, to you
le	him, it (masculine)
la	her, it (feminine)
les	them
lui	to him, to her, to it
se	oneself, to oneself
nous	us, to us
vous	you, to you
les	them
leur	to them

The pronouns in **bold** type in the above list can be either direct or indirect object pronouns:

Il me voit.	He can see me.
Il va me donner le livre.	He is going to give the book to me.

2.1 Position of object pronouns

Remember that object pronouns are placed in front of the verb:

Nous la respectons.	We respect her.

The exception is when they are used with a positive imperative:

Donnez-le-lui!	Give it to him/to her!

Order of object pronouns when more than one is used:

$$
\left.\begin{array}{l} \text{me} \\ \text{te} \\ \text{se} \\ \text{nous} \\ \text{vous} \end{array}\right\} > \text{le, la, les} > \text{lui, leur} > \text{y} > \text{en}
$$

Elle nous l'a donné.	She gave it to us.
Il m'en a donné.	He gave me some.
Il ne vous en a pas donné.	He did not give you any.
Le lui a-t-elle donné?	Did she give it to him/her?
Ne le lui donnez pas!	Don't give it to him/her!
Elle m'a dit de le leur donner.	She told me to give it to them.
Je vais vous y voir bientôt.	I am going to see you there soon.

Remember that the object pronouns come before the auxiliary in compound tenses and before the infinitive of which they are the object.

Remember too that after the verb in positive commands, 'moi' and 'toi' are used instead of 'me' and 'te':

Donne-le-moi!	Give it to me!

and that the order of pronouns is direct > indirect:

Rendez-le-moi!	Give it back to me!

3   *Reflexive pronouns*

me, te, se, nous, vous, se

They are typically used in reflexive verbs, e.g. se coucher, se lever, se reposer:
Je me repose
Tu te reposes
Il/elle/on se repose
Nous nous reposons
Vous vous reposez
Ils/elles se reposent

Note, however, that any transitive verb can be used with reflexive pronouns:

Elle s'est regardée dans la glace.	She looked at herself in the mirror.

4 Relative pronouns

The following table shows the relative pronouns with their meanings and use.

Relative pronoun	Meaning and use	Translation
qui	which, who, that — used when it is the subject of the verb:	
	C'est le garçon qui est venu hier.	That's the boy who arrived yesterday.
	C'est le livre qui a gagné le prix littéraire.	That's the book that won the literary prize.
que	which, whom, that — used when it is the object of the verb:	
	C'est le garçon que j'ai vu hier.	That's the boy (whom) I saw yesterday.
	C'est le livre qu'elle a lu hier.	That's the book (which) she read yesterday.
dont	of which, about which, whose — replaces 'de' + noun:	
	C'est le garcon/le livre dont je vous ai parlé.	That's the boy/the book about whom/which I spoke to you.
	C'est la maison dont les volets sont fermés.	It's the house whose shutters are closed.
lequel, laquelle, lesquels, lesquelles	which — used after a preposition to refer to things:	
	C'est le livre dans lequel l'héroïne s'est suicidée.	It's the book in which the heroine committed suicide.
	Ce sont les peintures grâce auxquelles elle a fait sa réputation.	They are the paintings to which she owes her reputation.
ce qui	what — when used as a subject:	
	Je sais ce qui est vrai.	I know what is true.
	Ce qui m'étonne, c'est votre réaction.	What surprises me is your reaction.

ce que	what — when used as an object:

Ce que vous m'avez dit n'est pas vrai.	What you told me is not true.
Il m'a dit que ce qu'il a fait n'est pas difficile.	He told me that what he did is not difficult.

ce dont	what — used when 'de' has to be conveyed:

C'est tout ce dont je me souviens.	That is everything I remember.
Ce dont vous m'avez parlé m'a choqué.	What you spoke to me about shocked me.

quoi	what — used with a preposition to refer to a fact, idea or event:

Il a dû payer l'amende, après quoi il est parti sans rien dire.	He had to pay the fine, after which he left without speaking.
Je ne sais pas à quoi elle rêve.	I don't know what she is dreaming about.

où	on which, in which, to which etc. — a shorter equivalent of 'auquel', 'dans laquelle', 'sur' etc.:

Voilà la table où j'ai mis votre livre.	Here is the table on which I put your book.
C'est le placard où on met les assiettes.	This is the cupboard where/into which the plates are put.

5 | *Disjunctive/emphatic pronouns*

me > moi
tu > toi
on > soi
il > lui
elle > elle
nous > nous
vous > vous
ils > eux
elles > elles

Use	Examples	Translation
For emphasis	Moi, je veux aller au cinéma; lui, il veut aller au théâtre.	I want to go to the cinema and he wants to go to the theatre.
When there are two or more subjects	Mon ami et moi irons en France cet été.	My friend and I will go to France this summer.
After a preposition	Je me suis assise à côté d'elle.	I sat next to her.
Before a relative pronoun	C'est lui qui s'est trompé.	He was the one who made a mistake.

6 Demonstrative pronouns

celui, ceux, celle, celles

Use	Examples	Translation
Followed by qui/que	Laquelle des voitures aimez-vous le mieux? Celle qui est stationnée devant votre maison.	Which of the two cars do you prefer? The one which is parked outside your house.
	C'est celle que je viens d'acheter.	That is the one which I have just bought.
Followed by 'de'	Je préfère ses projets à ceux de Michel.	I prefer his/her plans to those of Michel.
To convey 'latter' and 'former' (celui-ci etc., celui-là etc.)	J'ai écrit à Marie et à Sylvie, mais celle-ci ne m'a pas répondu.	I wrote to Marie and Sylvie, but the latter (Sylvie) did not reply.

7 Possessive pronouns

le mien, la mienne, les miens, les miennes	mine
le tien, la tienne, les tiens, les tiennes	yours
le sien, la sienne, les siens, les siennes	his, hers
le nôtre, la nôtre, les nôtres	ours
le vôtre, la vôtre, les vôtres	yours
le leur, la leur, les leurs	theirs

Examples:

Sa maison est plus grande que la tienne.	His/her house is bigger than yours.
Voici mon livre. Où est le sien?	Here is my book. Where is his/hers?

8 Interrogative pronouns

qui, que, lequel/laquelle etc.

Meaning and use	Examples	Translation
Qui = who/whom	Qui est là?	Who is there?
	Qui as-tu vu?	Whom did you see?
Qu'est-ce qui = what (subject of the verb)	Qu'est-ce qui est arrivé?	What has happened?
Qu'est-ce que = what (object of the verb)	Qu'est-ce que tu as fait? or Qu'as-tu fait?	What have you done?
	Que voulez-vous?/ Que voulez-vous dire?	What do you want?/ What are you trying to say?
Lequel/laquelle/ lesquels/lesquelles = which one (object or person) of two or more	Voici des livres. Lequel préférez-vous?	Here are some books. Which one do you like best?
	Lesquelles de ces filles sont allés en France?	Which of these girls went to France?

9 The pronouns 'y' and 'en'

9.1 Uses of 'y' with examples

● To mean 'there':

A quelle heure arrivez-vous à l'école? J'y arrive à 8 heures.

I get there at 8.00 a.m.

● To stand for a phrase introduced by 'à', 'en', 'dans':

Il n'y obéit jamais. ('y' = à mes ordres)

He never obeys them

Je n'y ai aucune confiance. (> avoir confiance en)

I have no confidence in it.

Je lui ai interdit d'y entrer. (> entrer dans — 'y' = dans la maison)

I told him not to go in.

9.2 Uses of 'en' with examples

● To represent a noun in expressions of quantity where often in English there is no equivalent used:

Combien de pommes as-tu mangées? J'en ai mangé six.

How many apples have you eaten? I've eaten six. ('Of them' is understood in English.)

| As-tu de l'argent? Oui, j'en ai. | Have you got any money? Yes, I have. ('Some money' is understood in English.) |

- To stand for a phrase introduced by 'de':

| Tu te souviens des jours anciens? Oui, je m'en souviens. ('en' = des jours anciens) | Do you remember the old days? Yes, I remember them. |
| En avez-vous besoin? (> avoir besoin de) | Do you need it/them? |

N Indirect speech

Also called reported speech, this is someone's direct speech, in the first person ('I'), expressed in the third person ('he', 'she', 'they'). In printed form direct speech is placed inside speech marks. Sometimes in changing from direct speech to indirect speech, tense changes are required.

Here is an example in English:

Direct speech	**Indirect/reported speech**
'I arrived at the station at noon and waited until the train arrived at 12.30.'	He said that he had arrived at the station at noon and that he had waited for the train to arrive at 12.30.

Here are further examples, this time in French:

Discours direct	**Discours indirect**
'Ma maison se trouve dans un petit village.'	Il/elle a dit que sa maison se trouvait dans un petit village.
'Nous partirons vers dix heures.'	Ils/elles ont dit qu'ils/elles partiraient vers 10 heures.

O Inversion after speech

After a piece of direct speech this occurs with a speaking verb such as 'dire', 'demander', 'répondre':

| 'Où étiez-vous à dix heures ce matin?', lui **a-t-il** demandé. | 'Where were you at 10 o'clock this morning?', he asked him/her. |
| 'Je ne l'ai pas fait!', s'**est-elle** écriée. | 'I didn't do it!', she exclaimed. |

P Prepositions

When using a preposition in French it is important to choose the one that conveys the correct meaning. In English the preposition 'in' is used in many ways where in French you would have to choose between at least four prepositions – 'dans', 'en', 'à' and 'chez'. During your reading of French you should note down and learn phrases and constructions containing the different prepositions.

The table below shows some uses of the preposition 'dans'.

Uses	Examples	Translation
To show the place in which someone or something is, or into which something or someone goes, especially where there is the notion of being enclosed	Les livres sont dans le placard.	The books are in the cupboard.
	Marie est entrée dans la classe.	Marie came/went into the classroom.
	Je préfère habiter dans une petite maison que dans une grande maison. (Note that the preposition has to be repeated in French.)	I prefer to live in a small house than (in) a big house.
Where the noun has a defining word	C'était dans sa jeunesse qu'il a appris à nager.	It was during his youth that he learned to swim.
	Elle a joué le rôle mieux dans le film que dans la pièce de théâtre.	She played the part better in the film than in the play.
To convey the time at the end of which something occurs	Dans 3 jours je partirai.	I will leave in 3 days' time.
With verbs such as 'prendre' to convey the idea of 'out of'	J'ai pris le livre dans ma serviette.	I took the book out of my briefcase.

Note that the present participle of the verb can only be used after one preposition, i.e. 'en':

Il est sorti en courant.   He ran out.

After the other prepositions the verb is in the infinitive:

Avant d'entrer, elle a enlevé ses chaussures.   Before entering, she took off her shoes.

Après m'être levée, j'ai pris une douche.   After getting up, I had a shower.

Q Conjunctions

There are two main types of conjunctions.

1 Coordinating conjunctions

For example 'et', 'donc', 'mais', 'car'

These do not affect the construction of the sentence:

Mais il m'a toujours aidé(e).	But he has always helped me.

2 Subordinating conjunctions

These introduce a clause where the verb is in either the indicative or the subjunctive:

- Verb in the indicative:

Elle travaillait pendant que je me reposais.	She worked while I rested.

- Verb in the subjunctive:

Bien qu'ils soient pauvres, ils sont heureux.	Although they are poor, they are happy.

You should consult a grammar book to check which conjunctions are followed by the subjunctive.

R Numerals

Note that not everything to do with numbers in French is included here. More information can be found in grammar and language course books, and should be learned. Here you will find items that seem to cause problems for students.

revisionTIPS

- Learn all cardinal numbers from one to one hundred.
- Learn 'cent', 'mille', 'un million'.
- Learn the ordinal numerals: 'premier', 'deuxième' etc.
- Learn fractions.

1 Cardinal numbers

- 'Un' (one) has a feminine, 'une', and agrees in gender with its noun:
  une fleur; vingt-et-une fleurs

- 'Million' is a masculine noun. It is followed by 'de' before its noun:
  un million de dollars; dix millions de livres

- The number 'mille' does not take a plural 's':
  cinq mille

2 Ordinal numbers

- 'First' = 'premier'/'première', but in a compound number 'unième' is used:
  la première place; la vingt-et-unième place

- Note the following spellings:
  cinquième; neuvième

- Note that in French the ordinal number is placed immediately in front of the noun:
  les trois premières années (the first three years)

- When referring to kings and queens:
  Elizabeth première, Charles premier, i.e. for 'the First', the ordinal number is used.
  But: Elizabeth deux, Charles deux, Guillaume trois etc.; i.e. for 'the Second, Third' etc., the cardinal number is used.

3 Fractions

- Note these fractions:
  $^1/_2$ = un demi/une moitié
  $^1/_3$, $^2/_3$ = un tiers, deux tiers
  $^1/_4$, $^3/_4$ = un quart, trois quarts

- Other fractions are expressed in the following way:
  $^2/_5$ = deux cinquièmes
  $^5/_9$ = cinq neuvièmes

4 Collective numerals

These are:

- Une paire = a pair, un million = a million, des milliers = thousands.

- Nouns formed from numbers ending in '-aine': une huitaine, une dizaine, une douzaine, une quinzaine, une vingtaine, une trentaine, une quarantaine, une cinquantaine, une soixantaine, une centaine. These express approximate quantities.

In use, collective numerals are followed by 'de' before the noun:

une paire de chaussures	a pair of shoes
une femme d'une trentaine d'années	a woman of about 30

S Time

- Learn the times of the day — both the 12-hour and 24-hour systems.
- Learn the days of the week.
- Learn the months of the year.
- Learn the seasons.

- Approximate time is expressed by 'vers' or 'environ':

Vers 10 heures.	About 10 o'clock.
Il est environ onze heures.	It is about 11 o'clock.

Note that 'vers' does not normally come after 'être'.

- Months and days of the week are not spelled with a capital letter unless they begin the sentence:

Il est arrivé lundi.	He arrived on Monday.
Je partirai en juillet.	I'll leave in July.

- 'Ago' is expressed by 'il y a' placed before the relevant time:

Il m'a téléphoné il y a dix minutes.	He phoned me 10 minutes ago.

- When year dates are written out in full, 'mil' is often used instead of 'mille':
  1815 = mil huit cent quinze
  2000 is written as 'l'an deux mille'.

In this chapter there are 17 short dialogues on general topics, listed below. The topics have been selected from the new AS/A2 specifications.

A	Multimedia	**J**	Television
B	Crime	**K**	Feminism
C	The third age	**L**	The media
D	Marriage	**M**	Environment and pollution
E	Leisure	**N**	The European Union
F	Holidays	**O**	Health and fitness
G	Teachers and students	**P**	Travel
H	The internet	**Q**	Post-16 education
I	Literature		

Here the examiner asks only a few questions and the candidate gives fairly long answers in most cases. This is the ideal state of affairs, although it does not always happen in the actual examination. When revising for this part of the exam, the dialogues in this chapter will provide you with some of the language and ideas needed to answer the questions that might be asked on these topics. As is the case with French examples in other sections of these revision notes, you should use the dialogues in this chapter as models. In the course of your preparation you can make up answers to the supplementary questions (given at the end of each topic).

The dialogues are open-ended. This means that you could continue them, perhaps using the supplementary questions. You could do this on your own, but it would probably be more interesting and useful to continue the conversation with another person. You should note that the 'candidate' in this chapter generally gives an objective answer and weighs up the pros and cons. In the actual exam you are at liberty to put forward one side of the argument, but if you do, be prepared to back it up: the examiner is almost sure to ask you to support your arguments. If you work as a pair, one of you can give one viewpoint and the other one can oppose it. This should prepare you for the examiner's challenges.

A Multimedia

Examiner: On dit que les ordinateurs à la maison sont de simples jouets. Qu'en pensez-vous?

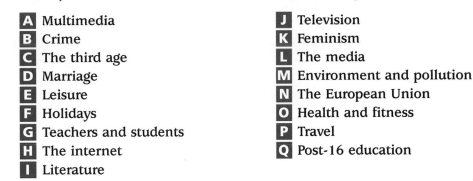 **Candidate:** Je ne suis pas tout à fait d'accord. Il est vrai que beaucoup de personnes se servent de leurs ordinateurs pour jouer des jeux. Mais les mêmes personnes s'en servent également pour des raisons plus sérieuses.

Examiner: Et vous, pour quelle raison utilisez-vous l'ordinateur?

Candidate: En ce moment c'est pour écrire mes rédactions et ma dissertation et comme nous avons accès à l'internet haut débit je passe pas mal de temps à y chercher des renseignements. Par exemple l'autre jour j'ai trouvé des renseignements très utiles sur le texte français que nous étudions pour l'examen.

Examiner: L'internet va-t-il remplacer le livre et le journal?

Candidate: Je pense que non. En ce moment on achète les journaux et les magazines en grand nombre. En ce qui concerne le livre, c'est pareil. On a dit que la télévision allait remplacer la presse écrite et le cinéma mais cette prédiction n'a pas été réalisée.

Examiner: Vous avez trouvé des renseignements sur l'internet. Pourquoi n'avez-vous pas utilisé un livre?

Candidate: L'internet est plus rapide et plus pratique. Et ces renseignements étaient faits exprès pour l'internet. Je ne les aurais pas trouvés dans un livre même si j'avais pu l'obtenir.

Supplementary questions

1 Les ordinateurs sont-ils plus utiles au bureau qu'à la maison? Pourquoi/pourquoi pas?

2 Est-ce qu'on peut se passer de l'ordinateur? Donnez vos raisons.

3 On dit que l'ordinateur domine notre vie. Qu'en pensez-vous?

4 Avez-vous fait des achats sur l'internet? Si oui, racontez vos expériences. Si non, pourquoi?

5 Préférez-vous vous renseigner au moyen de l'internet ou au moyen des livres et de la presse écrite? Pourquoi?

B Crime

Examiner: De récents chiffres montrent que le nombre de crimes commis par des mineurs dans les villes de France est en hausse. Pourquoi à votre avis la délinquance des mineurs augmente-t-elle toujours?

Candidate: Les raisons sont certainement nombreuses. L'une des plus importantes est que les jeunes ont beaucoup de liberté.

Examiner: Les stupéfiants doivent jouer un rôle important, n'est-ce pas? La prise des drogues a aussi augmenté.

Candidate: Je pense que vous avez raison. Ceux qui sont adonnés aux stupéfiants commettent des crimes pour avoir de quoi en acheter. Mais il faut aussi reconnaître que les effets de l'alcool sur l'individu sont souvent à la base de beaucoup de crimes, en particulier des agressions contre les personnes.

Examiner: Oui, on lit souvent des articles à ce sujet dans les journaux. Que devrait-on faire pour empêcher ces agressions?

Candidate: Je ne pense pas qu'on puisse les empêcher entièrement mais peut-être qu'on pourrait les réduire considérablement s'il y avait plus de policiers dans les rues des grandes villes.

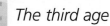

Supplementary questions

1 Comment réagissez-vous à l'augmentation des crimes dans les villes?

2 Qu'est-ce qu'on pourrait faire pour résoudre le problème des stupéfiants?

3 Devrait-on légaliser les drogues douces? Pourquoi/pourquoi pas?

4 Quelles mesures faudrait-il prendre pour réduire le nombre de crimes de violence dans notre société?

5 Est-ce que le système d'éducation pourrait aider à intégrer les jeunes délinquants dans la société? De quelle manière?

C The third age

Examiner: Voyez-vous des cas où l'euthanasie serait justifiée?

Candidate: Il est très difficile de répondre à cette question. Beaucoup de personnes sont carrément contre l'euthanasie pour des raisons religieuses. Ils ne font pas la distinction entre l'euthanasie et le meurtre. Cependant il est difficile de ne pas être profondément touché par les souffrances de quelqu'un dont la maladie est incurable.

Examiner: Alors si une infirmière dans une maison de retraités aidait à mourir des personnes âgées de plus de 90 ans qui voulaient mourir, serait-elle coupable de meurtre?

Candidate: Encore une question difficile. Il faudrait d'abord examiner ses raisons. Si elle éprouvait vraiment de la compassion pour ces personnes âgées et pensait sincèrement qu'elle faisait du bien, alors on pourrait dire que, selon elle, elle accomplissait un acte de charité.

Examiner: Devrait-on avoir le droit de mourir si on voulait?

Candidate: Chaque individu est libre de décider s'il va continuer à vivre ou non. Pourtant s'il décide de mourir il doit se suicider ou quelqu'un d'autre doit l'aider à mourir. Mais qui va l'aider à mourir? Un ami, un époux, un médecin? Dans tous les cas il y a toujours la possibilité qu'on agisse pour des raisons intéressées. Il y a eu bien des cas où un médecin qui aidait un patient à mourir a profité de sa mort.

Supplementary questions

1 À votre avis, les maisons de retraite sont-elles acceptables? Pourquoi/pourquoi pas?

2 Seriez-vous prêt(e) à soigner les vieilles personnes? Pourquoi/pourquoi pas?

3 Êtes-vous prêt(e) à payer plus d'impôts pour assurer aux personnes âgées une vie plus agréable? Pourquoi/pourquoi pas?

4 Selon vous, l'état devrait-il prendre à sa charge le soin des personnes âgées?

5 À votre avis, quelle est l'attitude des jeunes envers les personnes âgées?

D Marriage

Examiner: Le mariage est-il toujours populaire de nos jours?

Candidate: Pour ma part je voudrais me marier car je pense que la vie à deux a beaucoup à offrir.

Examiner: Mais il y a beaucoup de mariages qui échouent. Que pensez-vous de la cohabitation?

Candidate: Je ne vois pas une grande différence entre le mariage et la cohabitation sauf que dans le mariage on fait un engagement officiel l'un envers l'autre. Du moment où l'on fait un tel engagement on fait preuve de sa sincérité. Si on le rompt, les conséquences sont souvent sérieuses. Donc en se mariant, on s'engage à long terme.

Examiner: Et pour les enfants le mariage fournit une base solide, n'est-ce pas?

Candidate: Oui, en principe. Mais si les parents ne s'entendent pas et qu'ils se disputent tout le temps, alors la vie des enfants peut être très dure. Et puis s'il y a une séparation, un divorce, les enfants doivent souvent faire le choix entre deux parents, ce qui n'est pas juste. On se demande si une cohabitation amicale est meilleure qu'un mariage où il y a de l'hostilité.

Supplementary questions

1 Quel est l'âge idéal pour se marier? Pour quelles raisons?

2 À votre avis, quels sont les avantages et les inconvénients de la famille monoparentale?

3 Quelles émissions de télévision donnent une image réaliste de la vie à deux et pour quelles raisons?

4 Que pensez-vous des mariages entre des personnes du même sexe?

5 La famille étendue a-t-elle un rôle à jouer dans notre société? Pourquoi/pourquoi pas?

E Leisure

Examiner: Les parcs de loisirs deviennent de plus en plus populaires en Grande Bretagne comme en France. À quoi attribuez-vous leur popularité?

Candidate: Les meilleurs parcs attirent des visiteurs de tous les âges. Une visite représente une belle sortie pour toute la famille. Il y a tout ce dont on a besoin. Des attractions bien sûr, des cafés, des restaurants. S'il fait mauvais temps il ne manque pas d'activités à l'intérieur.

Examiner: Des deux types de parcs de loisirs, ceux qui sont avant tout ludiques (comme le Parc Eurodisney) et ceux qui sont ludiques et pédagogiques (comme Futuroscope), lequel préférez-vous et pour quelles raisons?

Candidate: Je viens de dire que les parcs de loisirs proposent des activités à tous les âges et Futuroscope ne fait pas exception. Si on veut être instruit et s'amuser en même temps alors, ce type de parc vous conviendra mieux que le Parc Eurodisney.

Examiner: Pensez-vous que le prix d'entrée soit trop élevé?

Candidate: Quand on pense qu'une fois dans le centre on n'a plus à payer alors on en a pour son argent. Surtout, comme c'est normalement le cas, il y a un tarif de groupe et de famille.

Supplementary questions

1 Décrivez une visite à un parc de loisirs.

2 Que cherchent ceux qui visitent "le Parc Disneyland"?

3 On dit que l'Angleterre possède de très bons parcs de loisirs. Qu'en pensez-vous?

4 Pratiquez-vous des loisirs créatifs tels que le dessin et la photo? Lesquels?

5 Aimeriez-vous passer une semaine dans un parc de loisirs tel que "Center Parcs"? Pourquoi/pourquoi pas?

F Holidays

Examiner: Un sondage récent a révélé que 82% des Français prennent leurs vacances en France comparé à 47% des Britanniques qui prennent leurs vacances en Grande Bretagne. Ces chiffres vous surprennent?

Candidate: Pas tout à fait. Quand on pense à la grande diversité de paysages en France, à son beau climat et aux autres avantages comme les beaux monuments et le patrimoine culturel et historique, il n'est pas étonnant que la plupart des Français préfèrent passer leurs vacances dans leur propre pays. Mais ce qui m'étonne un peu c'est l'écart entre les deux pourcentages. Après tout la Grande Bretagne a aussi une grande diversité de paysages, de belles plages et de beaux monuments. Des millions de visiteurs étrangers visitent la Grande Bretagne chaque année.

Examiner: Ce phénomène s'explique peut-être par le désir de se mettre au soleil, de se bronzer. D'ailleurs il y a des visites organisées très bon marché à des pays où le soleil brille tous les jours. Après tout, c'est ce que veulent la plupart des vacanciers, n'est-ce pas?

Candidate: Ça dépend de l'âge. Les enfants et les jeunes aiment les vacances passées à la plage. Aux stations balnéaires il y a toutes sortes d'activités. Pour les familles ces vacances sont idéales. Pour les adultes il y a toujours des excursions. Les vacances à la campagne offrent, de nos jours, toutes sortes de possibilités. Quant aux voyages organisés, oui, il est vrai, ils peuvent être bon marché, mais quelques-uns sont aussi très chers.

Supplementary questions

1 Les vacances, que représentent-elles pour vous?

2 Où aimez-vous passer les vacances et pourquoi?

3 Préférez-vous passer les vacances à l'étranger ou dans votre propre pays? Donnez vos raisons.

4 Dans quel pays étranger aimeriez-vous passer quelques mois et pour quelles raisons?

5 Aimeriez-vous travailler à l'étranger? Pourquoi/pourquoi pas?

G Teachers and students

Examiner: On dit souvent que le métier de professeur est difficile. Qu'en pensez-vous?

Candidate: Il est certain que, de nos jours, le métier de professeur est difficile. Les élèves ne sont pas automatiquement attentifs et beaucoup d'entre eux sont mal disciplinés. Le professeur doit intéresser tous les élèves et pour cela il lui faut passer beaucoup de temps à préparer ses cours. Il doit faire de telle sorte que tous les élèves d'une classe fassent des progrès. Donc le professeur doit faire consciencieusement son métier.

Examiner: Que veut dire "faire consciencieusement son métier"?

Candidate: D'abord il faut que le professeur soit bien qualifié et qu'il aime bien la matière qu'il enseigne. Il doit rester sensible aux besoins de tous ses élèves. Ce qui est essentiel c'est qu'il s'assure continuellement que tous ses élèves comprennent ce qu'il leur enseigne. Enfin il doit essayer d'être juste et sévère quand il est nécessaire de l'être.

Examiner: Vous êtes bien exigeant.

Candidate: Il le faut, car si le professeur n'est pas à la hauteur de son métier, il risque de se faire chahuter par les élèves.

Supplementary questions

1 Voudriez-vous être professeur? Pourquoi/pourquoi pas?

2 Trouvez-vous que les professeurs sont assez sévères? Expliquez.

3 Quels aspects du travail d'un professeur sont difficiles?

4 Les professeurs sont-ils suffisamment rémunérés? Expliquez.

5 Décrivez un professeur que vous avez admiré.

H The internet

Examiner: Il est possible de surfer l'internet à partir de son téléphone. Comment réagissez-vous à ce développement technologique?

Candidate: L'aspect le plus important c'est qu'on peut communiquer par le courrier électronique avec quelqu'un partout dans le monde. A tout moment on peut se renseigner sur quoi que ce soit, les informations, les données de tout genre, les chiffres économiques, le taux d'échange et ainsi de suite.

Examiner: À votre avis la technologie devient-elle trop compliquée?

Candidate: On disait que surfer l'internet était trop compliqué. Pourtant aujourd'hui cette activité est pratiquée régulièrement par les jeunes ainsi que les personnes âgées. On dit quelquefois que la technologie est compliquée parce qu'on en a peur. Quand on se rend compte qu'un appareil est utile on dompte sa peur et apprend à le maîtriser. Cela a toujours été le cas en ce qui concerne les développements technologiques.

Supplementary questions

1 Pourquoi est-il si nécessaire de communiquer si vite dans le monde moderne?

2 Quels aspects de la technologie moderne trouvez-vous les plus utiles et pour quelles raisons?

3 À votre avis, quels sont les avantages de l'internet?

4 Décrivez l'attitude des membres de votre famille envers la technologie moderne telle que l'internet.

5 À votre avis, quels sont les appareils technologiques les plus indispensables et pourquoi?

I Literature

Examiner: Qu'est-ce que l'étude de la littérature vous apporte?

Candidate: Quelques-uns d'entre mes camarades disent que lorsqu'on étudie un texte littéraire on risque de le trop analyser. Moi, je ne suis pas d'accord. Je pense qu'en analysant un texte on le comprend mieux.

Examiner: Mais lire un bon roman c'est passer le temps d'une manière agréable, n'est-ce pas?

Candidate: On espère passer le temps agréablement mais on espère aussi en tirer du profit.

Examiner: En quoi consiste ce profit?

Candidate: Ça dépend bien sûr du roman. Si, par exemple, c'est un roman de Dickens qui décrit la société du dix-neuvième siècle on peut apprendre quelque chose sur cette période. Si l'auteur du roman traite des émotions et révèle les pensées de ses personnages on a des aperçus de la nature humaine.

Examiner: Est-ce que la littérature vous aide à vivre?

Candidate: C'est beaucoup dire. Personnellement mes lectures m'ont aidé à comprendre les autres et à me comprendre. D'ailleurs vivre dans un autre monde avec des personnages qui m'intéressent m'apporte beaucoup de plaisir.

Supplementary questions

1 Que pensez-vous des versions télévisées des romans que vous avez lus?

2 On dit souvent que la lecture aide à s'évader de la vie réelle. Qu'en pensez-vous?

3 Décrivez un personnage d'un roman que vous aimez.

4 Vaut-il la peine de lire une pièce de théâtre ou suffit-il de la voir?

5 Selon vous, a-t-on raison de dire que la lecture devient de plus en plus rare chez les jeunes? Expliquez votre réponse.

J Television

Examiner: On dit que c'est une perte de temps de regarder la télévision. Qu'en pensez-vous?

Candidate: Il y a plusieurs raisons pour lesquelles on regarde la télévision. Quelquefois c'est simplement pour passer le temps. Mais quelquefois on veut se renseigner.

Examiner: La télévision a-t-elle un rôle à jouer dans l'enseignement?

Candidate: Oui, bien sûr et il y a beaucoup d'émissions qui sont consacrées à l'enseignement.

Examiner: À votre avis, dans quel domaine de l'enseignement la télévision réussit-elle le mieux?

Candidate: Il y en a plusieurs. En ce qui concerne l'enseignement des matières telles que les langues, l'histoire, la géographie et les sciences, la télévision apporte dans la salle de classe des éléments qui manquent souvent.

Examiner: Est-ce que la télévision risque de remplacer le professeur?

Candidate: Je crois que non. C'est essentiellement une aide. Le professeur est indispensable. L'élève a constamment besoin d'un guide.

Supplementary questions

1 Les chaînes de télévision se sont multipliées. Quels en sont les avantages?

2 Quelle influence la télévision exerce-t-elle sur les jeunes?

3 On se plaint souvent de la banalisation de la télévision. À votre avis, a-t-on raison?

4 Que regardez-vous habituellement à la télé et pour quelles raisons?

5 Préférez-vous regarder un film sur le petit écran ou au cinéma? Pourquoi?

K Feminism

Examiner: On a dit que bien que l'équilibre entre les sexes ne soit pas atteint, la situation des femmes dans notre société est plus favorable qu'elle n'a jamais été. En êtes-vous d'accord?

Candidate: L'égalité des sexes est reconnue par la loi mais, il faut le dire, il y a bien des cas où la loi n'est pas observée. Dans le marché du travail par exemple. Dans certaines occupations il est toujours difficile aux femmes d'atteindre les plus hauts rangs. Quant à la famille, la femme passe en moyenne plus d'heures à faire les tâches ménagères que l'homme.

Examiner: Qui a la vie la plus dure, l'homme ou la femme?

Candidate: Je sais qu'il ne faut pas trop généraliser mais, dans notre société, on voit toujours beaucoup de femmes qui exercent un métier et s'occupent des enfants et de la maison. Est-ce la raison pour laquelle de moins en moins de jeunes se marient?

Examiner: On parle du "nouvel" homme, celui qui partage toutes les tâches. Existe-t-il ou non?

Candidate: Il est évident qu'il y a des hommes qui aident leurs femmes. Il y en a même qui partagent les tâches à part égale. Mais ce n'est pas toujours le cas.

Supplementary questions

1 Décrivez votre partenaire idéal(e).

2 En France, comme en Angleterre, il y a un grand nombre de divorces. Vaut-il la peine de se marier?

3 Est-ce qu'il y a trop de publicité pour le féminisme?

4 Êtes-vous pour ou contre la mixité dans l'enseignement? Donnez vos raisons.

5 Quelle influence la représentation de la femme dans les médias exerce-t-elle sur les jeunes filles?

L The media

Examiner: À votre avis, quel est le média le plus important?
Candidate: En ce qui me concerne c'est la télévision.

Examiner: Pourquoi la télévision?
Candidate: C'est le média qui occupe le plus grand nombre de personnes. J'ai lu quelque part que les Français regardent la télévision en moyenne jusqu'à 24 heures par semaine.

Examiner: Et la presse, n'est-elle pas aussi importante que la télévision?
Candidate: La presse est très importante mais elle ne touche pas autant de personnes que la télévision. D'ailleurs la télévision traite de tout. On peut se renseigner sur n'importe quoi.

Examiner: Que diriez-vous à ceux qui disent que l'influence de la télé sur les jeunes peut être nuisible?
Candidate: On dit que la violence à la télé a une mauvaise influence sur les jeunes. C'est à dire qu'ils copient les actes de violence qu'ils ont vus à la télé. Mais à vrai dire le lien entre les deux n'a pas été prouvé.

Supplementary questions

1 Préférez-vous regarder la télévision ou écouter la radio? Pourquoi?

2 Quel est le rôle de la presse écrite dans notre société?

3 À votre avis, faudrait-il interdire aux enfants de regarder certaines émissions de télévision? Pourquoi?

4 Préférez-vous regarder un film au cinéma ou à la télévision? Pourquoi?

5 Que pensez-vous des émissions pédagogiques à la télévision?

M Environment and pollution

Examiner: Quelle est votre attitude envers l'environnement?
Candidate: Je pense que partout dans le monde nous risquons de dégrader une grande partie du milieu naturel.

Examiner: Vous pensez peut-être aux forêts tropicales?
Candidate: Oui, bien sûr. Et aux espèces animales en voie d'extinction.

Examiner: Est-il possible d'arrêter le processus?
Candidate: Oui, je pense que oui. Mais il faut sensibiliser les gens concernant les risques.

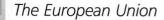
Examiner: Quels risques?

Candidate: Si, par exemple, on abat les forêts tropicales, alors en même temps on prive la faune de leur habitat naturel. Eventuellement beaucoup d'espèces risquent de disparaître complètement.

Supplementary questions

1 Quelle contribution l'individu peut-il faire concernant la protection de l'environnement?

2 Quelles sont les principales causes de la pollution dans votre région?

3 Décrivez les mesures qu'on a prises dans votre région pour réduire la pollution.

4 Si vous étiez premier ministre, quelles mesures prendriez-vous pour réduire la pollution atmosphérique?

5 Croyez-vous qu'il soit praticable de "sortir du nucléaire"? Expliquez.

N The European Union

Examiner: Certains pensent que le Royaume-Uni devrait être plus indépendant vis-à-vis de l'Union européenne. Qu'en pensez-vous?

Candidate: En ce moment l'Union européenne est principalement une union économique. Chaque pays membre doit observer certaines règles de l'ordre économique. Dans d'autres domaines, comme par exemple en ce qui concerne les affaires étrangères, chaque pays est libre d'agir comme il veut.

Examiner: Mais les liens économiques entre les pays qui ont adopté l'euro vont devenir plus forts. Êtes-vous pour ou contre l'adoption de l'euro?

Candidate: Il y aura bien sûr des avantages. On aura la possibilité de comparer le prix des produits d'un pays à l'autre. On n'aura plus besoin de changer d'une monnaie à une autre en voyageant en Europe. Il y aura certainement des avantages pour nos manufacturiers qui exportent leurs produits en Europe.

Examiner: Et les inconvénients?

Candidate: La livre sterling n'existera plus et peut-être aurons-nous moins de contrôle sur nos finances.

Supplementary questions

1 À votre avis, le Royaume-Uni devrait-il faire partie du système monétaire européen?

2 Selon vous, quels sont les avantages d'une monnaie unique, telle que l'euro?

3 Le Royaume-Uni devrait-il resserrer les liens avec le reste de l'Europe? Pourquoi/pourquoi pas?

4 Jusqu'à quel point vous considérez-vous européen(ne)?

5 Croyez-vous que les Britanniques se méfient des autres Européens? Expliquez.

○ Health and fitness

Examiner: Il est évident que dans les pays développés on accorde beaucoup d'importance à la santé. Pensez-vous que nous soyons obsédés par tout ce qui touche notre santé?

Candidate: La bonne santé est très importante pour l'individu et pour la société.

Examiner: Pour la société?

Candidate: Oui, bien sûr car les maladies telles que le cancer coûtent cher et, dans la plupart des pays développés, c'est la société qui paie.

Examiner: Quels conseils donnez-vous à ceux qui veulent jouir d'une bonne santé?

Candidate: D'abord il faudrait éviter tout ce qui nuit à la santé, comme le tabac. Puis il faudrait manger ce qui est bon pour la santé. Si on est végétarien il est nécessaire d'assurer qu'on suivra un régime équilibré. Et puis il faudrait faire régulièrement de l'exercice physique.

Examiner: Quelle sorte d'exercice?

Candidate: L'essentiel c'est d'en faire chaque jour que ce soit du sport, de la gymnastique, de l'aérobic, du vélo ou simplement de la marche. Et il faut absolument éviter de longues périodes d'inactivité.

Supplementary questions

1 Que faites-vous comme exercices physiques?

2 La sécurité sociale devrait-elle prendre en charge ceux qui sont malades à cause d'un abus du tabac et de l'alcool? Expliquez.

3 Selon vous, qu'est-ce qui constitue un régime équilibré?

4 Le sport d'équipe devrait-il être obligatoire dans notre système d'éducation? Pourquoi/pourquoi pas?

5 Devrait-on interdire à la télévision la publicité pour les produits qui ne sont pas bons pour la santé? Expliquez.

P Travel

Examiner: Quel rôle les voyages jouent-ils dans notre société?

 Candidate: Ce qui est certain c'est que les voyages jouent un rôle de plus en plus important dans la vie des habitants des pays développés. Le nombre de personnes qui voyagent ne cesse d'augmenter depuis plusieurs années et le nombre de jours de vacances qu'on prend augmente aussi. Voyager représente pour beaucoup de gens une évasion à leur vie habituelle. Mais je pense que le voyage apporte beaucoup d'autres choses à la vie de chacun.

Examiner: Par exemple?

 Candidate: Si on passe les vacances dans un pays étranger on voit un autre mode de vie. Peut-être qu'on commence à comprendre pourquoi les habitants d'un autre pays se comportent d'une manière différente. Si on visite les musées et les monuments historiques on peut se renseigner sur la vie culturelle.

Supplementary questions

1 Aimez-vous voyager? Pourquoi/pourquoi pas?

2 Que représente le voyage pour vous?

3 Selon vous, les touristes, qu'apportent-ils à votre région?

4 Quand vous visitez un autre pays ou une autre région, qu'aimez-vous faire et voir?

5 On dit que les voyages élargissent les horizons. Êtes-vous d'accord? Expliquez.

Q Post-16 education

Examiner: À votre avis, jusqu'à quel âge la scolarité devrait-elle être obligatoire? En France comme au Royaume-Uni c'est 16 ans.

Candidate: Si on prolongeait la scolarité au-delà de 16 ans il faudrait réformer le système d'éducation.

Examiner: Pour quelles raisons?

Candidate: Parce que beaucoup d'élèves, même avant l'âge de 16 ans, ne sont pas motivés.

Examiner: Mais ce sont les élèves qui n'ont pas atteint le niveau requis dans les matières de base.

Candidate: Oui, c'est vrai mais si on changeait le système en introduisant certains aspects du système français? Je pense surtout aux lycées professionnels. Certains de ces élèves qui ne sont pas motivés à présent trouveraient un but qui les pousserait à réussir.

Supplementary questions

1 Êtes-vous content(e) de votre éducation à partir de 16 ans? Expliquez.

2 Si vous étiez ministre de l'éducation quelles mesures prendriez-vous pour surmonter le manque de motivation chez un bon nombre de nos élèves?

3 Selon vous, jusqu'à quel âge la scolarité devrait-elle être obligatoire? Expliquez.

4 Êtes-vous de l'avis de ceux qui pensent que la formation professionnelle devrait commencer à partir de l'âge de 14 ans? Pourquoi/pourquoi pas?

5 Selon vous, est-il trop facile d'obtenir une place à l'université? Expliquez.

This chapter is subdivided into the following sections:

A Study of a region: la région Centre

B Study of Projet Ariane

C Study of the occupation of France, 1940–44

D Study of a painter: Édouard Manet

E Study of transport in France

F Study of the environment

G Revising a literary text

In this chapter you will find outlines of some topics which could form the basis of a study to enable you to answer the essay question in Unit 4. In Section G you will find tips for revising a literary text as well as vocabulary which will help you to write about a literary text.

A Study of a region: la région Centre

In this first outline much of the terminology and the main headings can be applied to all regions, so to some extent it can be used as a model whichever region you are studying.

First of all you should study a map of the region in a French atlas to familiarise yourself with its geography. Your study should include the relief, rivers, main towns and infrastructure, especially motorways and high-speed train lines. Don't forget airports, sea ports and canals. If you do not have access to a French atlas, the maps in this section should be useful.

You will find below a number of facts and figures relating to the geography of the Centre region. These are mostly contained in complete sentences, which form whole paragraphs. This will provide you with material you can learn and incorporate into your answers to questions in either written or speaking exams. The statistical information has been kept to a minimum, being used mainly to show how it can be incorporated into sentences. There are many sources of information available to you if you do not find precisely what you need here. Remember, though, not to overload your work with facts and figures. Use them sparingly.

The kind of question you will have to answer requires more than a repetition of isolated facts. For example, you might be asked to show the impact certain factors have had on the area you have chosen to study. In this survey of the Centre region you will find pointers to such an impact. With regard to the demography of the region, it is clear that a number of factors have contributed to the creation of a healthy job market. If the question concerns the impact on employment in the region, the facts given are a starting-point for your answer. You would be expected to show how those facts have created employment in the region.

1 Administration

La région Centre est composée de six départements (le Cher, l'Eure-et-Loir, le Loir-et-Cher, le Loiret, l'Indre et l'Indre-et-Loiret). Elle compte près de 2,5 millions d'habitants en 2000. Elle s'étend de la grande banlieue parisienne au nord aux lisières du Massif central au sud.

Elle a pour capitale, Orléans, également chef-lieu du Loiret, et pour chef-lieux de départements, les villes de Blois (Loir-et-Cher), Bourges (Cher), Chartres (Eure-et-Loir), Chateauroux (Indre) et Tours (Indre-et-Loire).

Carte 1: Les régions de France

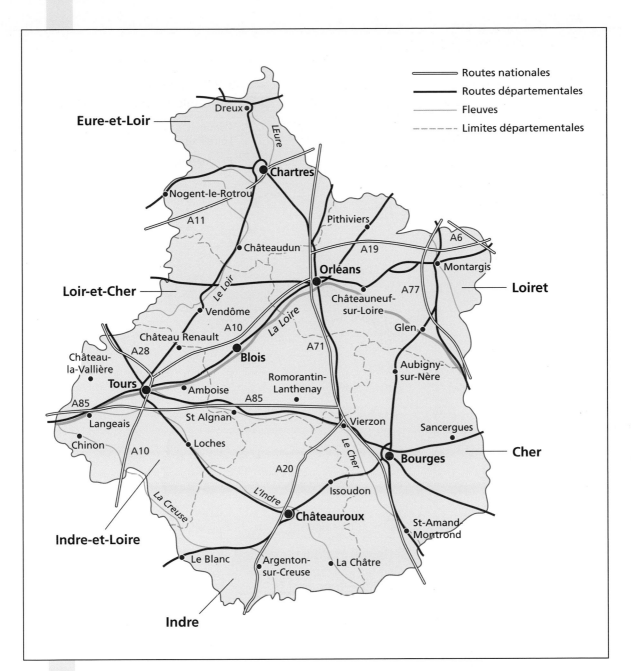

Carte 2: La région Centre administrative

2 Géographie

La Loire forme l'unité géographique de la région Centre qui la traverse d'est en ouest.

La Loire est le plus long fleuve français, avec ses affluents de la rive gauche (Cher, Indre, Vienne).

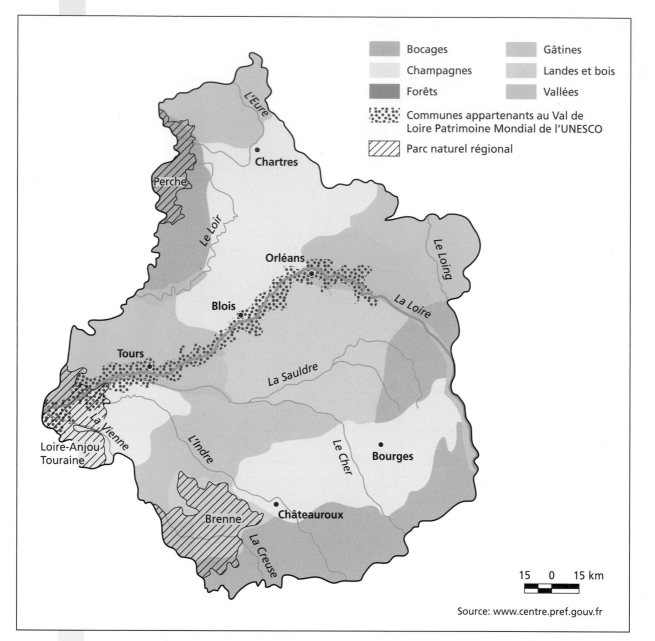

Carte 3: La région Centre: typologie des paysages

3 | *Environnement*

La région Centre est une grande région forestière. Près d'un million d'hectares est couvert par les forêts et les autres boisements. Les forêts sont en très grande majorité privées (85%).

De plus, la région possède plus de 5% des zones humides connues sur le territoire national (concentrées surtout en Brenne avec ses 1 300 étangs et en Sologne avec ses 3 000 étangs). Ces zones humide scontiennent une grande diversité d'insectes et constituent une ressource importante pour les nombreuses espèces des cinq classes de vertébrés. Au cours des dix

dernières années, plus de 10% des zones de marais ou de tourbières ont néanmoins disparu.

4 Développement

De 1954 à 1990, elle a gagné plus de 600 000 habitants et elle se situe parmi les régions françaises les plus peuplées (recensement 1999). La capitale toute proche, est devenue un foyer de départ pour le Centre Val de Loire et cette tendance s'est traduite par une très forte croissance des villes de la partie nord: Chartres, Tours et surtout Orléans.

Dans la partie sud, les villes ont connu une croissance plus modérée.

La région Centre compte 2 440 329 habitants (4% de la population française).

5 Économie

Chiffres clés:

- Superficie: 39 536 km^2 (soit 7% de la superficie nationale)
- 198 cantons
- 20 arrondissements
- 1 842 communes

La région Centre est surtout urbaine au nord, et rurale au sud de la Loire.

La région Centre possède un certain nombre de "records": en effet, c'est la première région de l'Union européenne pour les céréales et la première de France pour les oléagineux, mais aussi pour la décentralisation industrielle. L'industrie et les villes (notamment Tours et surtout Orléans) y ont connu une des croissances les plus fortes de la France de ces trente dernières années. Il est à noter que la région Centre se situe au deuxième rang pour l'électronucléaire, l'industrie pharmaceutique et le tourisme culturel.

5.1 Agriculture

Les riches étendues de la Beauce et de la Champagne berrichonne, lui permettent d'atteindre le premier rang national pour la production de blé et oléagineux, le deuxième rang pour le maïs et le cinquième rang pour la betterave à sucre.

5.2 Le vin

Le vin de Loire regroupe en fait plusieurs régions viticoles. Le Val de Loire produit des vins blancs secs, demi-secs, des vins rouges le plus souvent légers et des vins rosés. On trouve également de nombreux vins effervescents. Toutes ces régions sont situées au bord de la Loire et de ses affluents.

5.3 Industrie

Le Centre, dépourvu de matières premières, a été peu touché par la révolution industrielle. La région Centre est pourtant aujourd'hui la deuxième région énergétique française, grâce au quatre centrales nucléaires des bords de Loire et la cinquième pour son potentiel industriel globale.

Les activités sont diversifiées et plutôt orientées vers les technologies les plus modernes: parachimie, caoutchouc, électronique et informatique, les secteurs automobile et aéronautique, industries mécaniques etc.

Le secteur tertiaire connaît également un fort développement. Orléans concentre l'essentiel des fonctions bancaire et économique, de la recherche scientifique BRGM (Bureau de recherches géologiques et minières), CNRS (Centre national de la recherche scientifique), INRA (Institut national de la recherche agronomique), de la grande distribution, sans oublier les grands entrepôts de stockage liés à la présence du carrefour autoroutier. Tours, qui est orienté dans le domaine de la santé et du secteur universitaire, est le premier centre d'accueil touristique et hôtelier de la région Centre et capitale de la région des châteaux de la Loire.

Le tourisme joue un rôle très important dans l'économie de la région en tant que créateur d'emplois.

6 | *Transport*

De nombreuses autoroutes traversent la région et relient Paris — à Lyon (A6) — à Bordeaux (A10) — à Clermont-Ferrand (A71) — à Rennes et à Nantes (A11). Deux autres autoroutes (Orléans–Nancy et Vierzon–Tours–Angers) doivent compléter les liaisons Vierzon–Châteauroux–Limoges (A20) et Tours–Le Mans (A28).

7 | *Patrimoine*

Historiquement, la région Centre regroupe trois provinces: l'Orléanais (Loiret, Eure-et-Loir, Loir-et-Cher), le Berry (Cher et Indre) et la Touraine (Indre-et-Loire). Elles sont entrées très tôt dans le royaume de France, à la formation duquel elles contribuèrent très largement: les châteaux de la Loire — de Gien à Chinon, en passant par Chambord, Blois, Chenonceaux…témoignent, en effet, d'un héritage commun. Il faut noter également, l'étonnante abondance de célébrités littéraires (Balzac, Descartes, Rabelais, Ronsard, George Sand, Charles Péguy, Marcel Proust, Alain-Fournier etc.)

*Source: **www.coeur-de-france.com/region-centre.html***

B Study of Projet Ariane

The following is an outline of a study on the Ariane space programme. It is mostly descriptive. You could explore the subject more closely, for example the more technical aspects of the subject, notably the technological development of the Ariane rocket. You might want to explore further the impact the Ariane project has had on French Guyana. The outline below is designed to provide you with starting-points for whatever aspect(s) of the subject you choose to study.

1 Histoire

Le projet de lanceur européen a été proposé par la France, après l'échec du programme Europa 2, en 1972 (après 7 lancements qui ont été des échecs).

Après des négociations entre les gouvernements de la France, de l'Allemagne et du Royaume-Uni, un accord a été trouvé fin 1973 pour relancer un projet de lanceur de satellites.

Le programme Ariane a été décidé par l'Europe à l'automne de 1973, pour se doter d'un lanceur européen.

La France a proposé à ses partenaires européens de prendre la direction du programme.

Tous les tirs s'effectuent depuis le Centre spatial guyanais (CSG) de Kourou en Guyane française.

Plusieurs générations de fusées Ariane vont voir le jour:

- Ariane 1: premier lancement réussi le 24 décembre 1979
- Ariane 2: premier lancement réussi le 20 novembre 1987, après l'échec du premier vol, le 30 mai 1986.
- Ariane 3: premier lancement réussi le 4 août 1984
- Ariane 4: premier lancement réussi le 15 juin 1988
- Ariane 5: premier lancement réussi le 30 octobre 1997, après un échec lors du premier vol le 4 juin 1996.

Le développement de la fusée Ariane s'effectue sous la conduite de l'Agence spatiale européenne (ESA), avec le Centre national d'études spatiales (CNES) pour maître d'œuvre; sa réalisation industrielle est confiée au groupe Aérospatiale, coordonnant en tant qu'architecte industriel les différents apports des sociétés européennes participant à la construction de la fusée; enfin, l'exploitation commerciale est assurée par la société Arianespace, créée en mars 1980.

Source: wikipedia

2 Le troisième tir d'Ariane 5 en 1998

Interview avec Patrick Rudloff sur l'importance du troisième tir d'Ariane 5 en 1998.

Patrick Rudloff, directeur des ventes d'Arianespace, répond à nos questions.

Quelles vont être, au plan commercial, les retombées de ce troisième tir réussi d'Ariane 5?

Elles sont de trois ordres. Nous proposerons désormais une double gamme de produits. Nos clients pourront choisir entre Ariane 4 ou Ariane 5. En effet, en maintenant Ariane 4 en activité, nous disposons d'un programme de transition jusqu'en l'an 2000. D'autre part, Ariane 5 est capable d'embarquer à son bord des satellites très lourds, de plus de cinq tonnes tout de suite, puis de sept tonnes, avant d'atteindre onze à douze tonnes d'ici à 2003–2005. Le lanceur est également capable de mettre sur orbite des "constellations" de 40 à 100 satellites de télécommunication.

Sur le plan technologique, quelles sont les améliorations qui ont été apportées au lanceur?

Ariane 5 ne comporte plus que deux étages au lieu de trois sur Ariane 4, et n'a que quatre moteurs au lieu de dix sur Ariane 4. Ces modifications permettent de réduire le poids du lanceur et les coûts de lancement d'environ 40%. A la vente, nous ajusterons nos prix, pour être compétitifs face au lanceur Delta (Boeing) et Atlas (Lockheed Martin). D'autre part, le premier étage d'Ariane 5 est rempli d'hydrogène et d'oxygène liquide au lieu de l'ergol précédemment utilisé comme carburant, ce qui constitue un important progrès en efficacité. Et puis, Ariane disposera d'une capsule ARD (Atmospheric Reentry Demonstrator): il s'agit d'un démonstrateur de rentrée dans l'atmosphère équipé d'un pilote automatique, destiné à ramener les satellites sur terre, et qui préfigure la future génération de fusées réutilisables, dont les étages reviendront sur Terre.

Qui sont les clients d'Arianespace?

Ce sont les principaux opérateurs mondiaux de télécommunications. Il s'agit de structures internationales privées ou qui dépendent des gouvernements comme Intelsat (international), Eutelsat (Europe), Inmarsat pour les liaisons maritimes ou Eumetsat pour la météorologie européenne. La SES, Société européenne de satellites, la Panamsat, société américaine, ou Arabsat qui regroupe des opérateurs des pays arabes font partie de nos clients privés. Aujourd'hui, 75% de nos clients sont des sociétés privées. Cette proportion devrait encore augmenter car, dans le secteur, beaucoup d'actionnaires publics se privatisent.

Ariane 5 est le produit de nombreuses années de recherche, sous la maîtrise d'œuvre du CNES. Qu'en sera-t-il, selon vous, du développement des grands programmes scientifiques?

Technologiquement, Ariane 5 répond tout à fait aux exigences de ces missions, comme la mise en orbite de robots ou de caméras dans le cadre de programmes d'exploration des planètes, par exemple. A partir de 2001, le lanceur disposera de moteurs réallumables au deuxième étage, ce qui permettra d'effectuer deux missions en un seul lancement, ce qui n'est actuellement pas possible.

Source: l'Humanité

3 Reportage sur le tir de l'Ariane 5, le 6 octobre 2007

Ariane 5 enchaîne les bons décollages

Nouveau succès pour Ariane 5. Le lanceur lourd européen a placé sur orbite deux nouveaux satellites de télécommunications au cours de sa quatrième mission de l'année dans le nuit de vendredi à samedi.

La fusée a quitté le pas de tir du Centre spatial guyanais à 19 h 02 locales (00 h 02). Ses deux passagers, le satellite Intelsat 11 et le satellite australien Optus D2 ont été placés en orbite de transfert géostationnaire respectivement 27 minutes et 32 minutes plus tard.

Il s'agit du quatrième vol Ariane de l'année, après ceux du 11 mars, du 4 mai et du 15 août. C'est aussi le 34e vol d'une fusée Ariane 5 depuis l'entrée en service du lanceur européen et le 178e lancement d'une fusée Ariane.

Source: RSR.ch

4 L'avenir

Arianespace lancera 24 satellites pour Globalstar avec Soyouz.

Arianespace annonce la signature d'un contrat avec l'opérateur américain Globalstar pour le lancement d'une nouvelle constellation de 24 satellites.

Le contrat, dont le montant n'est pas précisé, porte sur quatre lancements et est assorti d'une option pour quatre autres.

Les quatre premiers lancements seront effectués à partir de l'été 2009 par des lanceurs Soyouz depuis Kourou, en Guyane française. Chaque lanceur mettra en orbite six satellites de télécommunications à une altitude de 920 kilomètres.

Source: 01net

5 L'importance du programme Ariane pour l'économie de la Guyane française

- Principale activité économique en Guyane
- Premier exportateur de la Guyane
- 30% du chiffre d'affaires des industries et services de Guyane en 1995
- 33% de la valeur ajoutée de l'économie régionale en 1995

L' activité spatiale de la base de Kourou occupe une place importante dans l'économie guyanaise, notamment par ses multiples retombées: emplois directs et indirects, logement, artisanat, tourisme.

Source: Libération.fr

C Study of the occupation of France, 1940–44

First revise the main events and dates, which are given in the table below. Make notes on the significance of these events. Then study the map of France showing the division of France as a result of the terms of the armistice. Make notes on the implications of this division.

1 Les événements principaux

Date	Evénement
1939 3 septembre	La Grande-Bretagne et puis la France déclarent la guerre à l'Allemagne.
1940 10 mai	Les Allemands envahissent la Belgique et les Pays-Bas.
13 mai	Les blindés allemands franchissent la Meuse.
18 mai	Philippe Pétain est nommé vice-président du Counseil.
28 mai	Des forces franco-britanniques sont réembarquées à Dunkerque. 340 000 hommes sont évacués.
5 juin	De Gaulle est nommé sous-sécretaire au gouvernement.
10 juin	L'Italie déclare la guerre à la France et à la Grande-Bretagne.
14 juin	Les troupes allemandes pénètrent dans Paris.
17 juin	Pétain devient chef du gouvernement. Il demande l'armistice à l'Allemagne. De Gaulle gagne Londres.
18 juin	De Gaulle fait son appel à la résistance.
22 et 24 juin	Les armistices sont signés avec l'Allemagne et l'Italie.
29 juin	Le gouvernement s'établit à Vichy en zone libre.
3 octobre	Le gouvernement de Vichy arrête le premier "Statut des juifs".
24 octobre	À Montoire Pétain et Hitler se mettent d'accord sur une politique de collaboration.
30 octobre	Dans un message au peuple français Pétain encourage la collaboration avec les Allemands.
1941 avril 14 mai 2 juin 22 juin 7 décembre	La ration journalière de pain est de 275 grammes. Des juifs étrangers sont arrêtés à Paris. Le deuxième "Statut des juifs" est publié à Paris. L'armée allemande envahit l'Union Soviétique. Les forces aériennes japonaises attaquent Pearl Harbor.

Date	Evénement
1941 8 décembre	Les États-Unis et le Royaume-Uni déclarent la guerre au Japon.
1942 1er janvier	Jean Moulin est parachuté en France pour tenter d'y unifier les mouvements de résistance.
18 mai	L'Allemagne exige que les ouvriers français qualifiés soient transférés en Allemagne.
29 mai	Les juifs résidant en territoire occupé doivent porter l'étoile jaune.
8 novembre	Les Alliés débarquent au Maroc et en Algérie. C'est l'opération "Torch".
11 novembre	Les Allemands envahissent la zone libre.
16 novembre	Les premiers maquis sont installés en zone sud.
1943 30 janvier	La milice est créée.
16 février	Trois classes d'hommes sont mobilisées pour le Service du Travail Obligatoire (STO).
1er mars	La ligne de démarcation est supprimée.
avril	La ration hebdomadaire de viande tombe à 120 grammes.
27 mai	Le Conseil National de la Résistance (CNR) est fondé.
30 mai	De Gaulle arrive à Alger.
juin	Moulin est trahi, arrêté et torturé par la Gestapo. Il meurt pendant son transfert en Allemagne.
8 août	Les Allemands occupent l'ex-zone italienne.
3 septembre	L'Italie capitule.
5 octobre	La Corse est libérée.
1944 juin	Les maquisards livrent bataille sur le plateau des Glières et dans le Vercors contre les Allemands aidés par la milice.
6 juin	Les Alliés débarquent en Normandie.
10 juin	Massacre d'Oradour.
25 août	Paris est libéré.

2 L'armistice

Les termes de l'armistice ont été très durs pour la France et pour les Français. L'Allemagne a annexé une partie du territoire de France et les habitants de la zone occupée étaient isolés de leurs concitoyens de la zone libre. Il est évident que l'intention d'Hitler était de se venger de la défaite infligée à l'Allemagne par les Français en 1918. Il voulait humilier la France. L'armée française était réduite à 100 000 hommes, cantonnés en zone sud. La France devait payer une énorme indemnité d'occupation. Ses prisonniers devaient

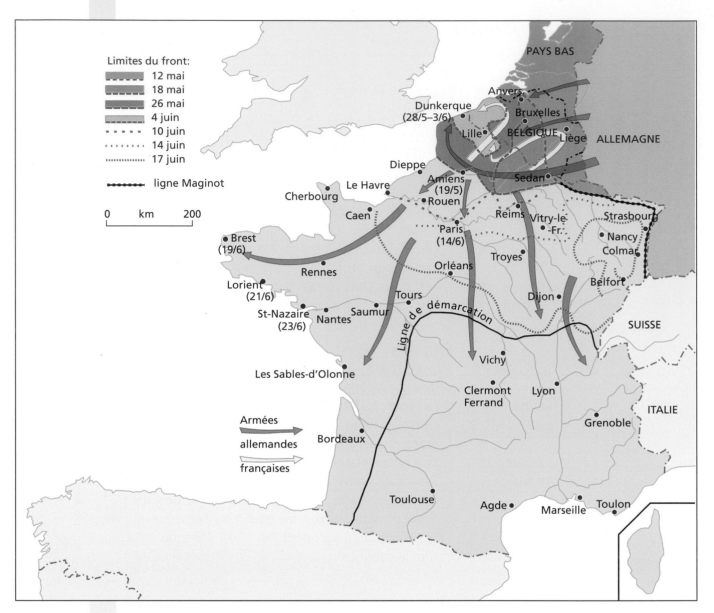

Carte 1: La campagne de France, 1940

rester en Allemagne jusqu'à la conclusion de la paix. Elle pouvait garder sa flotte qui serait désarmée et aussi son empire colonial.

3 La résistance en France: Jean Moulin en 1940

En juin 1940, la France se trouva confrontée à une défaite militaire désastreuse et sans précédent face à l'Allemagne. L'armée allemande avait commencé son offensive aux Pays-Bas et en Belgique le 10 mai, et, moins de cinq semaines après le début d'une guerre-éclair sur le sol français, l'armée française était en pleine déroute (Carte 1).

Le 17 juin, le Maréchal Pétain, chef du gouvernement depuis la veille, ordonna la cessation des combats et demanda l'armistice à l'Allemagne. Aux termes de cet armistice la France se trouva divisée en deux zones, la "zone libre" et la "zone occupée" (Carte 2).

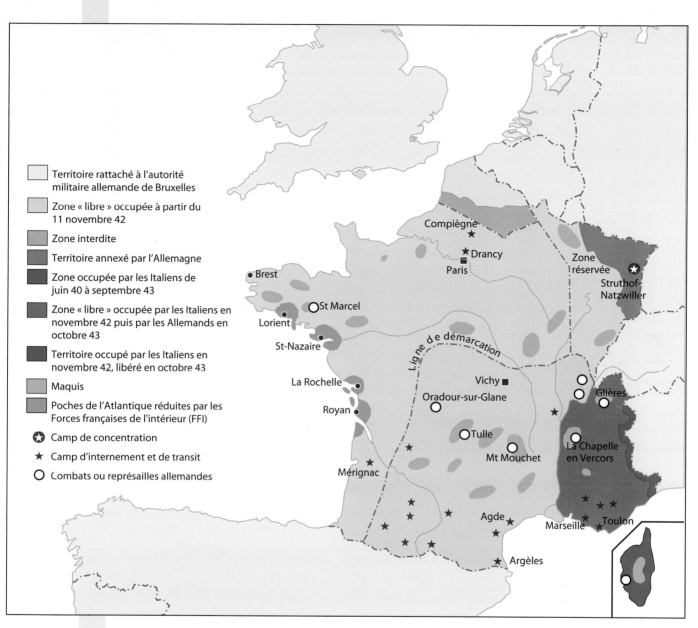

Territoire rattaché à l'autorité militaire allemande de Bruxelles

Zone « libre » occupée à partir du 11 novembre 42

Zone interdite

Territoire annexé par l'Allemagne

Zone occupée par les Italiens de juin 40 à septembre 43

Zone « libre » occupée par les Italiens en novembre 42 puis par les Allemands en octobre 43

Territoire occupé par les Italiens en novembre 42, libéré en octobre 43

Maquis

Poches de l'Atlantique réduites par les Forces françaises de l'intérieur (FFI)

✪ Camp de concentration

★ Camp d'internement et de transit

◯ Combats ou représailles allemandes

Carte 2: La France sous l'occupation

Ce fut avec un certain soulagement que la plupart des Français accueillirent l'armistice et, dans les premiers temps de l'occupation, les troupes allemandes semblaient vouloir entretenir de bons rapports avec les populations civiles. Tout acte de résistance aurait donc semblé insensé, déraisonnable, voire dangereux. Pourtant, dès les premiers jours de l'occupation, il se trouva quelques Français pour refuser de collaborer avec les forces allemandes, ce qui représentait déjà une forme de résistance. Si elles n'avaient pas l'éclat des actions héroïques des grandes heures de la résistance, ces actions, qui passèrent souvent inaperçues, n'en étaient nullement moins courageuses.

3.1 Un résistant

Dès juin 1940, Jean Moulin, dit "Max", qui en 1943 serait parachuté pour organiser la résistance à l'intérieur, résista aux forces allemandes. En tant que préfet du département de l'Eure-et-Loir, il s'était rendu à Chartres pour organiser le ravitaillement des réfugiés venant du nord et fuyant devant l'envahisseur. C'était une tâche énorme car la population de la petite ville s'était accrue de plusieurs milliers et il y avait à peine de quoi nourrir les habitants eux-mêmes. Malgré les bombardements impitoyables des Allemands, Jean Moulin resta à son poste et quand les troupes ennemies pénétrèrent dans la ville, le préfet continua à porter secours à ses compatriotes.

Peu de temps après l'arrivée des Allemands, Jean Moulin fut conduit au bureau du Commandant. Celui-ci exigea de lui qu'il signe un protocole déclarant qu'un certain nombre de civils français, dont les cadavres mutilés avaient été découverts dans un village des environs de Chartres, avaient été les victimes de soldats sénégalais. Le préfet refusa de signer. Sans autre forme de procès, et après avoir été battu par ses gardes, Jean Moulin fut emmené à quelques kilomètres de la ville et poussé vers un vieux hangar. Ce qu'il y vit le remplit d'horreur et de pitié. Étendus sur le sol, se trouvaient une dizaine de cadavres de femmes et d'enfants, victimes de la guerre.

Un des jeunes officiers condamna le gouvernement français pour avoir recruté des soldats noirs. Jean Moulin était au courant de la propagande nazie qui, afin de déshonorer l'armée française, avait montré dans ses actualités des soldats sénégalais, filmés de telle sorte qu'on aurait dit de véritables sauvages.

On demanda de nouveau à Jean Moulin de signer le protocole. Celui-ci avait suffisamment vu les conséquences des bombardements les jours précédents pour reconnaître dans ces pauvres corps déchiquetés des victimes de l'aviatio allemande. Étant donné les circonstances, le préfet fit preuve d'un courage et d'une dignité exemplaires en refusant de signer. Son attitude exaspéra les officiers nazis et il fut battu avec une violence inouïe par les soldats qui le gardaient.

On le reconduisit à Chartres pour y être incarcéré et on lui donna pour compagnon de cellule un soldat sénégalais qui avait été fait prisonnier pendant la retraite de l'armée française. Jean Moulin, souffrant autant moralement que physiquement, eut tout le temps de réfléchir à sa situation. S'il s'obstinait à refuser de signer le protocole, il savait que les coups continueraient de pleuvoir, et il n'était pas certain d'avoir le courage de continuer à tenir. Il était dans une situation impossible. Très calmement il prit sa décision, et, avant de passer à l'acte, il écrivit à sa mère pour expliquer un geste qui pouvait paraître désespéré. Il a écrit le texte suivant dans son journal intitulé *Premier combat*:

> Je sais qu'aujourd'hui je suis allé jusqu'à la limite de la résistance.… J'ai déjà compris le parti que je pourrai tirer de ces débris de verre qui jonchent le sol. Je pense qu'ils peuvent couper une gorge à défaut d'un couteau.… Cinq heures sonnent à une horloge. J'ai perdu beaucoup de sang.

Mais Jean Moulin a survécu à cette tentative de suicide pour assumer plus tard un rôle des plus importants dans la résistance contre l'occupant allemand.

4   Charles de Gaulle en 1940

De Gaulle était opposé à l'armistice. Il a gagné Londres le 17 juin, et le 18 il a fait son appel au peuple français les encourageant à continuer la lutte contre les Allemands. « Quoi qu'il arrive, la flamme de la résistance française ne doit pas s'éteindre et ne s'éteindra pas. » C'est le jour où le Maréchal Pétain a demandé aux Allemands les conditions de l'armistice. Il est important de comprendre qu'à ce moment-là la France n'était pas vaincue. Bien qu'une grande partie de l'hexagone fût occupée par les troupes allemandes, l'empire colonial restait intact. Aux yeux du gouvernement, de Gaulle était un traître. Il était condamné à mort par contumace. Cependant il a été reconnu par le gouvernement britannique comme "le chef des Français libres".

5   Collaboration

La collaboration du gouvernement de Vichy est devenue, pour ainsi dire, officielle par l'entrevue de Montoire entre Pétain et Hitler le 24 octobre 1940. Cette collaboration au niveau de l'état a continué à s'accroître au cours de l'occupation dans plusieurs domaines. Le régime a mis la main d'œuvre française au service des Allemands à partir de 1942. Des jeunes ont été mobilisés dans le Service du Travail Obligatoire (STO). Le 30 janvier 1943 la milice (police fasciste française) a été formée pour combattre la résistance. Cette organisation a aidé l'occupant à traquer juifs, réfractaires au STO (ceux qui refusaient le service obligatoire en Allemagne) et résistants dont beaucoup étaient les mêmes réfractaires. L'état français a collaboré avec l'occupant dans sa politique antisémite. Dès 1940 les juifs ont été soumis à des statuts spéciaux dont l'effet était de leur priver de la plupart de leurs droits. Le régime a aidé les Allemands à ramasser des milliers de juifs qui ont été déportés à des camps de concentration dans la Reich.

6   La pénurie des Français

Pour une grande partie de la population l'occupation signifiait la pénurie et les privations. Il y avait une pénurie de toutes les denrées alimentaires de base: pain, viande, lait, œufs, même les légumes (sauf le rutabaga). Le rationnement a été introduit dès les premières années de l'occupation. En hiver et surtout dans les régions du nord on souffrait du froid car on manquait de charbon, et le gaz et l'électricité étaient souvent coupés. Faire la queue est devenu pour les habitants des villes une occupation journalière. On trouvait rarement des vêtements dans les magasins. Pourtant pour les riches il y avait toujours le marché noir où on pouvait obtenir presque tout. Mais cela coûtait cher.

7 ## La résistance en France: Jean Moulin en 1943

Jean Moulin avait été limogé par le gouvernement Vichy et avait gagné Londres en septembre 1941. Il est devenu représentant du Général de Gaulle. Comme délégué général du Comité Français de Libération sa tâche était d'aider et d'unifier les forces clandestines de résistance dans les deux zones.

Il est revenu en France en janvier 1943. Sa mission était de coordonner les efforts des mouvements de la résistance sur les plans politique et militaire. S'il réussissait sa mission, de Gaulle aurait l'initiative et le contrôle des opérations à l'intérieur de la France. Qui plus est, l'accomplissement de cette mission était essentielle si la résistance devait gagner la confiance des Alliés, notamment la Grande-Bretagne et les États-Unis.

Malgré les obstacles — fragmentation des réseaux, soupçons, méfiance à l'égard des communistes, dont les réseaux étaient le mieux organisés — Jean Moulin a réussi à coordonner tous les réseaux. En mai 1943 s'est constitué le Conseil National de la Résistance (CNR) qui était reconnu par tous les maquis, y compris les communistes.

Un mois plus tard Jean Moulin s'est fait prendre par la Gestapo. En juin 1943 Klaus Barbie, chef de la Gestapo lyonnaise, a tendu un piège à Jean Moulin et à d'autres membres importants de l'Armée secrète. Il a été aidé par des agents de nationalité française travaillant pour la Gestapo.

Jean Moulin et ses collègues se réunissaient à la maison du docteur Dugoujon dans la banlieue lyonnaise. Guidée par une résistante tournée, Barbie et les agents ont arrêté Jean Moulin et ses collègues.

Le sort de Jean Moulin demeure entouré d'ombre. Après avoir été interrogé par Barbie à Lyon il a été emmené au siège parisien de la Gestapo, avenue Foch. Il est arrivé dans un état pitoyable et comateux. Il semble qu'il soit mort d'une défaillance cardiaque lors de son transfert en Allemagne. On a incinéré son corps. Une urne, qui avait été déposée au cimetière Père-Lachaise à Paris, est censée contenir ses cendres. Cette urne a été transférée au Panthéon en décembre 1964.

8 ## Les organisations

8.1 Libération
Un mouvement de résistance de zone sud qui prend le nom du titre du journal daté de juillet 1941.

8.2 Combat
Un mouvement de résistance principalement installé en zone sud.

8.3 Franc-Tireur
Le plus petit des trois grands mouvements de zone sud. Apparaît sous ce nom fin 1941.

8.4 Armée secrète

Organisation destinée à fédérer les éléments militaires appartenant aux mouvements.

8.5 CNR

Conseil National de la Résistance. Il rassemble les mouvements, partis et syndicats chargés, pour la France occupée, de former un parlement de la résistance. Entre sa création (27 mai 1943) et l'arrestation de Jean Moulin celui-ci en assume brièvement la présidence.

8.6 Les MUR

Mouvements Unis de Résistance. Créée à l'instigation de Jean Moulin (janvier 1943), cette organisation fusionne les trois grands mouvements de zone sud (Combat, Franc-Tireur, Libération-Sud).

8.7 ORA

Organisation de Résistance de l'Armée. Créée après la dissolution de l'armée d'armistice, en novembre 1942.

8.8 STO

Service du Travail Obligatoire. La loi du 16 février 1943 contraint tous les Français âgés de 21 à 31 ans à aller travailler en Allemagne.

8.9 BCRA

Bureau Central de Renseignement et d'Action. Services spéciaux de la France Libre à Londres, dirigés par le Colonel Passy.

8.10 Délégation (de la France Libre)

Les "délégués" du Comité National Français de Londres étaient les représentants personnels du Général de Gaulle, chargés de faire appliquer sa politique en France. Jean Moulin fut le premier. Le mot "délégation" est apparu après sa mort à l'automne 1943.

D Study of a painter: Édouard Manet

The following is an outline of the life and work of Édouard Manet, which serves as a starting-point for your own study of this French artist. It can also be used as a model for a study of another artist or for that of a sculptor or an architect.

You can view the main works of Manet on a number of websites, including *www.photo.rmn.fr.*

After the outline of Manet's life and works you will find pieces by art critics on two of his best-known works. These will help you to compose your own evaluation of an example of the artist's work, by showing you an expert's use of the appropriate technical language and a method for analysing a painting.

1 *Édouard Manet (1832–83)*

1.1 Dates principales de la vie d'Édouard Manet

1832   Naissance à Paris

1848   Édouard Manet tente sans succès de s'engager dans la Marine

1850   Il s'inscrit comme élève du peintre d'histoire Thomas Couture

1852   Naissance de son fils, Léon Koella

1857   Rencontre avec Henri Fantin-Latour

1863   Manet épouse Suzanne Leenhoff au Pays-Bas

1863   Il expose son fameux *Déjeuner sur l'herbe* au Salon de refusés

1865   Exposition d'*Olympia* qui provoqua un véritable scandale

1882   Nomination à l'ordre de la Légion d'Honneur

1882   Exposition d'*Un bar aux Folies-Bergères*, l'une de ses œuvres les plus célèbres

1883   Il meurt de la gangrène le 30 avril à Paris

1.2 Résumé de l'influence de Manet

Peintre français dont les œuvres ont inspiré le mouvement impressionniste. L'influence considérable qu'il exerça sur la peinture française et, plus généralement, sur l'art moderne s'explique à la fois par le choix de sujets faciles, tirés de la vie quotidienne, par l'utilisation de couleurs pures et par une technique rapide et libre.

1.3 Les peintres qui ont influencé Manet

À partir de 1852, Manet fit de nombreux voyages à l'étranger: en Hollande, où il admira particulièrement la peinture de Frans Hals, en Allemagne, en Autriche, en Italie, et, plus tard, en Espagne où les œuvres de Diego Vélasquez, et surtout de Francisco Goya influencèrent beaucoup son propre travail.

La controverse concernant *Le Déjeuner sur l'herbe*

Les premières peintures de Manet représentent essentiellement des scènes de genre, souvent d'inspiration espagnole, ainsi que des portraits. En 1863, Manet exposa son célèbre *Déjeuner sur l'herbe* (musée d'Orsay, Paris) au Salon des refusés, nouveau lieu d'exposition inauguré par Napoléon III accueillant, à la demande des artistes, les œuvres rejetées au Salon officiel. La toile de Manet, représentant une jeune femme nue assise, entourée de deux hommes en costume, dans un décor champêtre, attira immédiatement l'attention du public, mais fut violemment attaquée par les critiques. Salué par de nombreux jeunes peintres qui reconnaissaient en lui leur chef de file, Manet se trouva au centre d'une dispute opposant les défenseurs de l'art académique aux artistes "refusés".

Émile Zola et les artistes impressionnistes

En 1866, Émile Zola, qui avait pris fait et cause pour l'art de Manet dans le Figaro, devint son ami. Tel fut également le cas des peintres impressionnistes Edgar Degas, Claude Monet, Auguste Renoir, Alfred Sisley, Camille Pissarro et Paul Cézanne, qui subirent l'influence de Manet et qui, à leur tour, influencèrent son art, le rendant peut-être plus sensible aux jeux de lumière. Manet ne doit donc pas être considéré comme un peintre impressionniste à part entière, malgré les liens étroits qu'il entretint toute sa vie avec Monet et ses amis.

En 1882 il exposa sa peinture *Un bar aux Folies-Bergère*, une de ses œuvres les plus célèbres. Manet mourut à Paris le 30 avril 1883, laissant une œuvre importante, comprenant plus de quatre cents peintures à l'huile, des pastels et de nombreuses aquarelles.

Source: www.grandspeintres.com

Le scandale du tableau *Le Déjeuner sur l'herbe*

Émile Zola, romancier célèbre et critique d'art a écrit cette description du tableau *Le Déjeuner sur l'herbe:*

Le Déjeuner sur l'herbe est la plus grande toile d'Édouard Manet, celle où il a réalisé le rêve que font tous les peintres: mettre des figures de grandeur naturelle dans un paysage. On sait avec quelle puissance il a vaincu cette difficulté. Il y a là quelques feuillages, quelques troncs d'arbres, et, au fond, une rivière dans laquelle se baigne une femme en chemise; sur le premier plan, deux jeunes gens sont assis en face d'une seconde femme qui vient de sortir de l'eau et qui sèche sa peau nue au grand air. Cette femme nue a scandalisé le public, qui n'a vu qu'elle dans la toile. Bon Dieu! quelle indécence: une femme sans le moindre voile entre deux hommes habillés! Cela ne s'était jamais vu. Et cette croyance était une grossière erreur, car il y a au musée du Louvre plus de cinquante tableaux dans lesquels se trouvent mêlés des personnages habillés et des personnages nus. Mais personne ne va chercher à se scandaliser au musée du Louvre. La foule s'est bien gardée d'ailleurs de juger *Le Déjeuner sur l'herbe* comme doit être jugée une véritable œuvre d'art; elle y a vu seulement des gens qui mangeaient sur l'herbe, au sortir du bain, et elle a cru que l'artiste avait mis une intention obscène et tapageuse dans la disposition du sujet, lorsque l'artiste avait simplement cherché à obtenir des oppositions vives et des masses franches. Les peintres, surtout Édouard Manet, qui est un peintre analyste, n'ont pas cette préoccupation du sujet qui tourmente la foule avant tout; le sujet pour eux est un prétexte à peindre tandis que pour la foule le sujet seul existe. Ainsi, assurément, la femme nue du *Déjeuner sur l'herbe* n'est là que pour fournir à l'artiste l'occasion de peindre un peu de chair. Ce qu'il faut voir dans le tableau, ce n'est pas un déjeuner sur l'herbe, c'est le paysage entier, avec ses vigueurs et ses finesses, avec ses premiers plans si larges, si solides, et ses fonds d'une délicatesse si légère; c'est cette chair ferme modelée à grands pans de lumière, ces étoffes souples et fortes, et surtout cette délicieuse silhouette de femme en chemise qui fait dans le fond, une adorable tache blanche au milieu des feuilles vertes, c'est enfin cet ensemble vaste, plein d'air, ce coin de la nature rendu avec une simplicité si juste, toute cette page admirable dans laquelle un artiste a mis tous les éléments particuliers et rares qui étaient en lui.

Source: www.ac-orleans-tours.fr/

2 *Un commentaire sur le tableau* Un coin du café-concert *(1878–79)*

L'impression dominante qui se dégage d'*Un coin du café-concert* est celle d'un instantané de la vie quotidienne dans un café-concert parisien. Tout en prenant en compte le caractère bidimensionnel de son support, Manet a réussi avec adresse à évoquer une salle bondeé en utilisant une technique de superposition et de décalé: autrement dit, une simple séquence de têtes qui se chevauchent. Ce qui est aussi frappant, c'est la façon dont Manet condense en un seul cadre tant de potentiel dramatique qui peut être compris et interprété de multiples manières.

Tout d'abord, on peut se demander qui regarde qui, et pourquoi? Le grand ouvrier en blouse bleue au premier plan semble reluquer la danseuse sur la scène à l'arrière-plan, mais il pourrait tout aussi bien être abruti par l'alcool. Il est difficile d'établir vers qui sont dirigés les regards des deux têtes derrière lui, et la serveuse regarde quelque chose ou quelqu'un à droite du tableau tout en servant l'ouvrier situé à gauche. Il y a aussi un contact physique évident entre la masse grossière de l'homme et les rondeurs voluptueuses de la femme, typiques de l'idéal féminin du dix-neuvième siècle. Et, si elle ne nous voit pas, nous, par contre, la voyons qui regard quelqu'un d'autre. Cela nous donne-t-il accès à son insu à ses charmes physiques comme l'ouvrier à ceux de la danseuse? Manet nous rappelle ici que les cafés étaient des lieux où pouvaient se recontrer des étrangers en quête de plaisirs faciles. On n'y vendait peut-être pas que de l'alcool.

Dans le tableau de Manet, les couleurs éclatantes et les touches abrégées et discontinues du pinceau recréent l'atmosphère du café-concert. La hardiesse de ses taches de couleur donne une impression de désordre er d'inachevé quand on y regarde de près, mais cette technique sert à saisir l'instant et la brève rencontre entre des destins différents. Cette vitesse dans le coup de pinceau, tout comme l'argot chez Zola, capture l'essence des personnages: la rudesse de l'ouvrier, et la vulnérabilité qui transparaît dans le visage de la jeune serveuse. Tout cela permet à la personne qui regarde le tableau de remplir elle-même cetains détails. Les taches d'un blanc éclatant qui évoquent les surfaces étincelantes, les verres et les miroirs sont un très bon exemple de la façon dont de simples touches de couleur, tout comme des termes imagés, peuvent stimuler notre imagination autant qu'une longue description ou que l'analyse approfondie d'un personnage.

Extrait de l'article, 'Zola et Manet' de Juliet Simpson (FRENCH REVIEW Vol. 1, No. 1 Septembre 1995)

Study of transport in France

This is obviously a large topic. You will not be expected to have an encyclopaedic knowledge of all the transport systems of the country and of the facts and figures relating to the topic. You will, however, be expected to have enough knowledge to be able to provide convincing arguments on issues such as the effect on the environment of the ever-increasing number of vehicles on the roads or on the area of public versus private transport. You will have come across the same kind of issues in your own country and will have already rehearsed the arguments. The situation in France is similar, but you will have to be aware of the differences so that what you write and what you say applies to France. In the following example of the kind of question you might be asked, you will see that some knowledge of the situation in France is essential:

Décrivez quelques-uns des développements récents dans le domaine des transports collectifs urbains en France. Jusqu'à quel point ces développements encourageront-ils les gens à utiliser moins leurs propres voitures pour se déplacer?

Below is an outline of the main aspects of this topic with some facts and figures. There are also maps of the motorway and high-speed train networks in France.

1 *Les transports publics*

A l'échelle nationale la France est dans l'ensemble bien desservie par son réseau ferroviaire (voir Carte 1). Des gouvernements successifs ont investi de grosses sommes dans le TGV. Au niveau des villes les collectivités locales ont fait de grands efforts pour promouvoir les transports collectifs urbains. Elles ont créé ou modernisé des lignes de métro, des lignes de tramway et de trolleybus.

1.1 Les tramways

A partir de 1873, date des premiers grands projets en région parisienne, le tramway a connu un grand succès dans toutes les villes, grandes ou moyennes. En 1927, date de la mise en service de la ligne de tramway de Valence, certaines villes sont dotées de gigantesques réseaux: 41 lignes et 347 km de voies à Lyon, 41 lignes et 239 km de voies à Lille, 34 lignes et 177 km de voies à Marseille, 38 lignes et 168 km de voies à Bordeaux, 29 lignes et 144 km de voies à Nice, et 36 lignes et 89 km de voies à Toulouse.

Ce mode de transport a subi un déclin entre 1930 et 1960. A partir des années 30 l'automobile et l'autobus ont fait leur apparition comme mode de transport pour un plus grand nombre de personnes. En plus le tramway installé au milieu des rues gênait la circulation individuelle. Ainsi le tramway a peu à peu disparu des villes de France bien que dans quelques villes, une ou deux lignes restent en service et connaîtront, de nos jours, une renaissance.

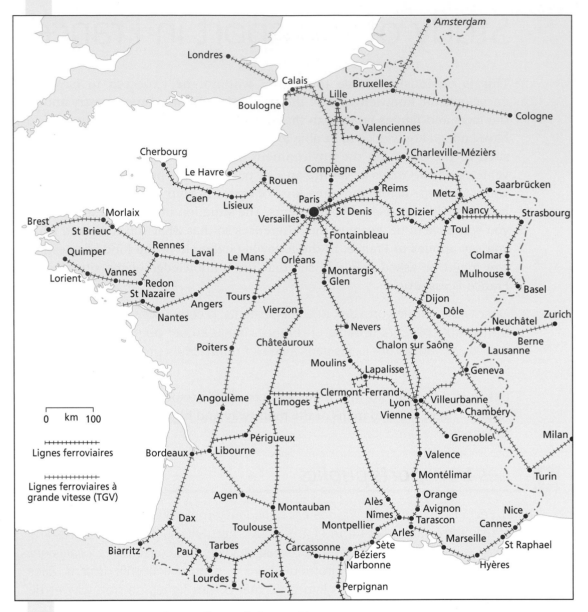

Carte 1: Le réseau ferroviaire en France

Le choc pétrolier de 1974 a provoqué une crise de conscience chez les pouvoirs publics à cause de la grande consommation d'essence que nécessitait l'usage des transports urbains tels que l'autobus. Le ministère des transports a demandé aux huit plus grandes agglomérations françaises qui n'avaient pas déjà engagé la construction d'un métro de réfléchir à la possibilité de créer des réseaux.

Ces villes ont choisi pour la plupart un réseau de tram. Le tramway moderne circulant sur voies entièrement réservées, et exploité avec un matériel moderne, est silencieux, confortable et rapide.

Ville	Longueur	Lignes	Stations	Date de 1re mise en service
Agglomération parisiennne	38,1 km	4	67	06/07/1992
Bordeaux	34,4 km	3	76	21/12/2003
Caen	*15,5 km*	*2*	*34*	*18/11/2002*
Clermont-Ferrand	*14,2 km*	*1*	*31*	*13/11/2006*
Grenoble	31,8 km	3	60	05/09/1987
Lille	19,0 km	2	36	04/09/1993
Lyon	40,7 km	3	63	02/01/2001
Marseille	8,8 km	1	21	30/06/2007
Ligne préexistante	3 km	1	9	12/1893
Montpellier	35,3 km	2	60	01/07/2000
Mulhouse	11,1 km	2	24	20/05/2006
Nancy	*11,1 km*	*1*	*28*	*08/12/2000*
Nantes	40,4 km	3	82	07/01/1985
Orléans	17,9 km	1	24	24/11/2000
Rouen	15,7 km	2	31	17/12/1994
Saint-Étienne	11,7 km	2	38	04/12/1881
Strasbourg	25,1 km	4	55	25/11/1994
Valenciennes	18,3 km	1	26	03/07/2006

Tableau des réseaux de tram fonctionnant actuellement (en italique, tramways sur pneus)

2   *Les transports privés*

En France, comme dans les autres pays industrialisés, le nombre de voitures continue à s'accroître. Il y a en France près d'une voiture pour deux habitants. Les Français donc sont très attachés à leurs voitures surtout parce que la voiture est un endroit où on se sent à l'aise avec tout l'équipement dont on a besoin. On dit même que la voiture "est devenue une véritable résidence secondaire". Pour se déplacer l'automobile reste le mode de transport le plus utilisé pour sa rapidité, son confort et le coût du trajet. Qui plus est, le réseau autoroutier (voir Carte 2), qui est passé de 79 km en 1959 à quelque 10 000 km aujourd'hui, favorise l'utilisation de la voiture.

Cet usage a entraîné beaucoup d'inconvénients (bruit, pollution, encombrements). Les Français reconnaissent ces inconvénients mais ne sont pas disposés à changer leurs habitudes. Ils prétendent que les transports en commun sont peu confortables et peu fiables.

Carte 2: Le réseau autoroutier en France

3 | *L'économie et l'environnement*

La France possède une importante industrie automobile. La plus grande proportion d'automobiles françaises vendues en France sortent des usines du groupe PSA (Citroën, Peugeot).

L'industrie automobile construit des voitures qui sont de plus en plus attrayantes. Le réseau routier s'étend. Le milieu naturel se dégrade. Les développements dans le domaine des transports collectifs — TGV, tramways, nouvelles lignes de métro — visent à la réduction des inconvénients surtout la pollution de l'air. Mais si des mesures étaient prises pour réduire sérieuse-ment le nombre de voitures et de camions, l'économie en souffrirait.

4 *Les biocarburants*

Les biocarburants ne permettront pas d'éviter totalement le recours aux carburants fossiles (gazole, essence, gaz naturel). D'une part, la production de biocarburant finira par concurrencer les productions agricoles à des fins alimentaires. D'autre part, les biocarburants sont généralement utilisés en mélange avec des carburants fossiles.

La production de biocarburant nécessite des surfaces agricoles importantes: actuellement un hectare produit une tonne de biocarburant. C'est-à-dire que pour remplacer totalement le pétrole dans les transports il faudrait multiplier par trois les surfaces cultivées en France et les consacrer uniquement à la production de biocarburants. Rien que pour remplacer 5,75% des carburants par des biocarburants, il faudra y consacrer 20% de la production de betterave, 3% de la production de blé et 75% de la production d'oléagineux.

La production de gazole à partir de la biomasse supprimera en partie le problème puisqu'elle permettra d'utiliser les sous-produits de l'agriculture et des forêts. Dans la meilleure des hypothèses, le gazole de synthèse remplacerait en France la moitié du carburant utilisé dans les transports.

L'incorporation de 5% d'alcool dans l'essence ou de 15% de diester dans le gazole ne nécessite aucun réglage particulier des moteurs. L'objectif européen est de monter à 5,75% de biocarburants en moyenne dans les carburants en 2010. Le pourcentage de biocarburant peut être plus élevé moyennant un réglage adéquat. En France les autobus fonctionnant aux biocarburants utilisent un mélange de 70% de gazole et de 30% de diester.

L'alcool pur est utilisé en Suède, un mélange de 85% d'alcool et de 15% d'essence aux États-Unis. Les constructeurs proposent des véhicules fuel flexible fonctionnant avec un mélange quelconque d'essence et d'alcool (y compris l'alcool pur). Ils sont surtout commercialisés au Brésil.

F Study of the environment

This study has connections with many others (study of a region, transport, education etc.) The following outline, from the specifications of one of the examining bodies, shows the scope of this subject area:

- La protection des animaux, les parcs nationaux et la conservation
- L'énergie
- Les mouvements écologiques
- La pollution
- L'individu et l'environnement

Each of these aspects will be considered here. The approach will generally be descriptive, but the problems and the contradictions will not be ignored, as any task you are set will involve some assessment and/or evaluation.

1 *La protection des animaux, la conservation et les parcs nationaux*

Les parcs nationaux sont de vastes espaces inhabités où les activités agricoles et forestières sont strictement réglementées. Ces zones sont ouvertes au public mais la chasse y est souvent interdite. Les espèces rares sont surveillées et protégées. C'est le cas du Parc National des Pyrénées où l'on trouve encore des ours bruns, de nombreux rapaces (vautours, aigles), des marmottes, des hermines, des loutres etc.

You could quote further examples of national parks where animals are protected. An interesting example is that of Mercantour, where wolves have been introduced, because there is a conflict with local hunters and shepherds.

Le Parc National du Mercantour est le plus récent des trois parcs nationaux des Alpes françaises.

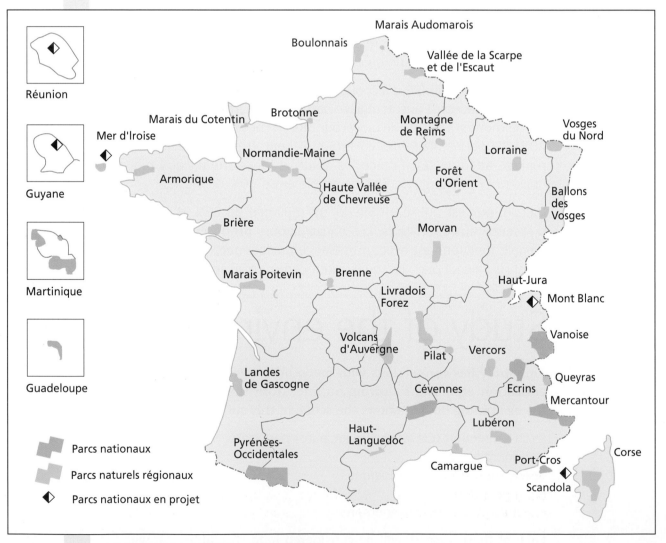

Les parcs nationaux de France

1.1 Mercantour: sa faune

La faune qui se trouve dans le parc comprend:

- des chamois (plus de 6 000)
- des mouflons
- des bouquetins
- des marmottes
- des loups (depuis le début les années 90)
- plusieurs milliers d'espèces, nombreuses en voie de disparition

Le retour du loup a entraîné des protestations de la part des chasseurs (pour eux le loup est un concurrent) et des bergers (les moutons sont des proies très faciles pour les loups).

Le loup du Mercantour

Le parc national du Mercantour a accueilli une vingtaine de loups en 1992. Il s'agit de la réintroduction naturelle de loups venus d'Italie, première réimplantation depuis le début du siècle. Aujourd'hui, il y aurait environ 60 loups sur le territoire. Le loup du Mercantour est aujourd'hui au centre d'un violent débat qui oppose défenseurs du monde animal sauvage et éleveurs de brebis.

Un compromis pour chacun

La mort de nombreux moutons dans le parc du Mercantour a relancé la question de la présence du loup dans la région. Les éleveurs mettent en avant les menaces que représente le loup pour leurs troupeaux: ils estiment que plus de 2 500 brebis auraient été tuées en 2004. Les associations de protection du loup attribuent toutefois ce chiffre aux chiens errants. Le dispositif Olin a été adopté à la quasi-unanimité dans les Hautes-Alpes le 21 juin.

Le nouveau dispositif Olin

La Ministre de l'écologie et du développement durable, Nelly Olin, a augmenté de 4 à 6 le nombre de loups qui pourront être abattus avant le 31 mars 2006. Cette mesure est cependant encadrée par certaines conditions:

- les troupeaux doivent subir trois attaques en trois semaines
- les tirs doivent être dissuasifs
- une autorisation délivrée par le préfet est nécessaire

Le mécontentement persiste

La filière ovine est en difficulté en raison de la forte concurrence néo-zélandaise, et chaque perte nécessite une indemnisation. De plus, le gardiennage des troupeaux est difficile en raison de la diminution du nombre de bergers et de l'immensité du territoire. Le loup, quant à lui, est une espèce considérée comme "potentiellement menacée" par les conventions internationales. Cependant, en France, il existe certaines dérogations autorisant la capture ou l'élimination de spécimens dangereux.

La controverse ne semble pas prendre fin. La SPA ou encore l'ASPAS (Association pour la protection des animaux sauvages) refusent ces nouvelles mesures, tandis que certains éleveurs les jugent insuffisantes. Dans la nuit du 27 juin, des défenseurs du loup ont d'ailleurs été très violemment pris à partie.

Prédateur d'innocentes brebis ou incarnation de l'état sauvage, le loup ne cesse de déchaîner les passions: la mort en mai dernier de plusieurs génisses en Isère a conforté les revendications des éleveurs. La responsabilité du loup est parfois difficilement démontrable mais il ne fait aucun doute que les brebis des alpages représentent des proies faciles et accessibles pour ce grand carnivore.

Source: www.linternaute.com

National parks throughout the world face a number of threats where there is a conflict between the aims of the movement and the indigenous population.

1.2 Mercantour: les menaces

Dans les pays en voie de développement les parcs nationaux sont menacés par:

- un intense braconnage
- leur occupation et leur défrichage par des paysans sans terre
- la construction de routes
- la destruction de la forêt
- l'exploitation illégale des gisements d'or et de pierres précieuses

Dans les pays industrialisés les principales menaces sont:

- la surfréquentation touristique
- la pollution de l'environnement, surtout atmosphérique
- l'exploitation minière

2 L'énergie

In this article about France's energy policy you will find a number of interesting statistics, e.g. 78% of France's consumption of electricity comes from nuclear energy.

Quelques grands principes guident la politique énergétique de la France depuis plus de trente ans: la lutte contre la dépendance énergétique et le choix prioritaire du nucléaire en l'absence de ressources fossiles sur le territoire. Deux évolutions ont plus récemment infléchi ces grandes orientations: la volonté de préserver l'environnement et la place plus grande laissée au marché par l'État.

2.1 Pétrole et gaz: diversifier les sources d'approvisionnement

En raison de l'absence de ressources fossiles en France, le gaz et le pétrole qui représentent aujourd'hui 49% de notre consommation d'énergie sont en quasi-totalité importés. La dépendance pétrolière à l'égard du Moyen-Orient

Les centrales nucléaires en France

est certes plus faible aujourd'hui (27% du pétrole importé) qu'hier car une grande partie du pétrole vient désormais de l'Afrique (19%), de la mer du Nord (30%) ou de la Russie (23%). Toutefois, cette diversification a ses limites puisqu'il ne faut pas oublier que deux tiers des réserves prouvées de brut se trouvent au Moyen-Orient. En matière de gaz naturel, la volonté de diversification a poussé la France à chercher d'autres partenaires que l'imprévisible Russie (22% du gaz importé): Égypte, Algérie, Pays-Bas, pays riverains de la Caspienne.

2.2 La réussite du programme nucléaire

Le nucléaire est au cœur des orientations énergétiques de la France. Le pays est le deuxième producteur d'énergie nucléaire au monde et 78% de la consommation d'électricité française est actuellement d'origine nucléaire. Historiquement, le nucléaire fut une réponse au choc pétrolier de 1973 et au déclin de la production charbonnière. La recherche d'une indépendance énergétique accrue et une meilleure couverture du risque géopolitique en sont à l'origine. À l'époque, la France importait 76% de ses besoins énergétiques, essentiellement sous forme d'hydrocarbures. Aujourd'hui, grâce au nucléaire, ce chiffre est tombé sous la barre des 50%. L'économie réalisée sur les importations d'énergie fossile est désormais estimée à plus de 20 milliards d'euros par an. La filière nucléaire emploie directement 100 000 personnes en France, un poids économique tel que l'on a pu parler d'un "lobby" du nucléaire. Dans la lutte contre l'effet de serre, l'avantage de cette technologie est indéniable: la France est le plus faible émetteur de CO_2 par habitant de toute l'Union européenne.

Source: www.ladocumentationfrancaise.fr

3   *Les mouvements écologiques*

Le mouvement écologique le plus important s'appelle les Verts. Voici leurs propositions:

- Sortie du nucléaire en favorisant les économies d'énergie et les énergies renouvelables.

- Privilégier les modes de transport les plus économiques et les moins polluants: transports collectifs urbains et rail interurbain.

- Repenser la gestion des déchets, en soutenant la production de produits non polluants et le recyclage.

- Adopter une loi cadre sur la qualité de l'air qui limite la circulation automobile lors des pointes de pollution.

- Inaugurer des taxes sociales et écologiques sur les importations, dont le produit serait affecté à des projets de développement tolérable.

4   *La pollution*

4.1   Principales sources de la pollution

- **La production et l'utilisation** de l'énergie est la principale source de pollution atmosphérique et une importante cause de pollution des sols et des eaux. Le pétrole constitue une cause de pollution des eaux marines et littorales. Le raffinage et l'utilisation des carburants par les véhicules à moteur, les chaufferies domestiques et industrielles constituent une source de grande pollution de l'air et des eaux continentales.

- **Le nucléaire:** les déchets restent radioactifs pendant une très longue période et nécessitent une gestion à très long terme.

- **Les industries** sont une source majeure de la pollution.

- **L'agriculture** moderne constitue une source considérable de pollutions de l'espace rural à cause de l'usage de produits chimiques pour les productions végétales et animales.

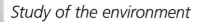
4.2 Quelques conséquences écologiques de la pollution

- Certaines espèces se rarefient.
- Dans certaines zones d'Europe et d'Amérique du Nord la pollution de l'air a provoqué le dépérissement d'immenses étendues de forêt.
- Des marées noires ont causé des désastres concernant les populations d'algues et des oiseaux de mer.

4.3 Le recyclage

Chaque Français produit plus de 1 kg d'ordures par jour. Au début des années 1980 la collecte sélective des ordures a commencé en France. La collecte sélective des ordures, la récupération et le traitement des matériaux qu'elles contiennent font aujourd'hui l'objet d'un effort important au niveau national.

5 *L'individu et l'environnement*

Nos responsabilités envers l'environnement sont:
- respecter les animaux
- respecter les milieux naturels
- éviter de polluer
- s'informer des mesures prises pour protéger l'environnement et de celles que chacun peut prendre

L'environnement joue un rôle dans plusieurs domaines de la vie de chaque-individu, par exemple l'habitation, l'atmosphère, les loisirs, les déplacements.

G Revising a literary text

For obvious reasons, no one text will be dealt with in this section. Suggestions are given for revising a text. There is a list of words and phrases which you should find useful, and finally sentences and paragraphs have been provided; these are intended as models that you could use in an adapted form in your answers to questions on literary texts.

The following grid could be used as an efficient and convenient way of checking off the stages of your revision.

Revision stage	Supporting work
1 List the main characters and write a sentence describing each one.	Write out apt but short quotations to illustrate your descriptions.
2 List the main themes and write a sentence explaining each one.	Note down where in the text each theme is dealt with.
3 Describe in a paragraph the setting (time and place) of the novel/short story.	Write out about ten sentences or phrases describing the setting.
4 Write summaries of three or four episodes that you have found important. Give reasons for your choices.	Note down the context of these episodes, i.e. what preceded and what followed them.
5 Write a summary of the whole text in about 250 words. Imagine you are telling a friend who has asked you 'What is this book about?'	Note down where each stage of the story occurs in the text.

1 Useful words and phrases

acte (m)	act (of a play)
action (f)	act (of an individual)
analyser	to analyse
auteur (m)	author
but (m)	aim
caractère (m)	character, i.e. personality
chapitre (m)	chapter
chef d'œuvre (m)	masterpiece
citation (f)	quotation

citer	to quote
clair(e) (adj.)	clear
comparer	to compare
conscient(e) (adj.)	aware
contexte (m)	context
critiquer	to criticise
décrire	to describe
dénouement (m)	outcome
dépeindre	to depict
description (f)	description
détail (m)	detail
dialogue (m)	dialogue
écrivain (m)	writer
émotion (f)	emotion, feeling
émouvant(e) (adj.)	moving, touching
épisode (m)	episode
expression (f)	phrase
exprimer	to express
héroïne (f)	heroine
héros (m)	hero
histoire (f)	story
il s'agit de	it concerns, it is about
intrigue (f)	plot
langage (m)	the kind of language used (langage courant/argotique etc.)
lien (m)	link, connection
milieu (m)	setting
mobile (m)	motive
monologue (m)	monologue
narrateur (m)/narratrice (f)	narrator
noter	to note
objectif (m)/objective (f) (adj.)	objective
objectivité (f)	objectivity
paragraphe (m)	paragraph
passage (m)	passage
peindre	to paint, depict
personnage (m)	character, i.e. individual
phrase (f)	sentence
raconter	to relate, tell (a story)
réagir	to react, respond

représenter	to present, describe
résumé (m)	summary
roman (m)	novel
romancier (m)/romancière (f)	novelist
scène (f)	scene
sens (m)	sense, meaning
sensible (adj.)	sensitive
s'identifier avec	to identify with
signifier	to mean
style (m)	style
subjectif (m)/subjective (f) (adj.)	subjective
subjectivité (f)	subjectivity
sujet (m)	subject (e.g. le sujet d'un roman)
texte (m)	text
thème (m)	theme, subject
titre (m)	title

2 Writing and speaking about characters

Bien qu'on sympathise avec le personnage principal, on est conscient de ses mauvaises qualités.

Although you sympathise with the main character, you are aware of his/her bad qualities.

Le lecteur/la lectrice a tendance à s'identifier avec ce personnage.

The reader tends to identify with this character.

Les souffrances de ce personnage sont accentuées par le contraste entre sa situation et celle(s) de ses deux filles.

The suffering of this character is emphasised by the contrast between his/her situation and that of his/her two daughters.

Les personnages féminins sont moins bien décrits que les personnages masculins.

The female characters are not as well described as the male characters.

Dans cette pièce les actions du personnage principal affectent la vie de tous les membres de sa famille.

In this play, the actions of the main character affect the lives of all the members of his/her family.

3 | *Writing and speaking about themes*

Dans ce roman la famille joue un rôle important/dominant/primordial.	In this novel the family plays an important/dominant/essential role/part.
L'auteur traite de plusieurs thèmes mais celui qui domine est l'isolement de l'individu dans la société/la lutte des classes/la tyrannie des parents/ le conflit des générations.	The author deals with several themes, but the one which predominates is the isolation of the individual in society/the class struggle/parents' authoritarianism/the conflict between the generations.
Bien que ces trois contes parlent de la guerre, la manière dont elle est traitée diffère énormément.	Although these three stories deal with the war, the way in which it is treated differs considerably.

4 | *Writing and speaking about structure*

On voit tout à travers les yeux/les pensées du narrateur/de la narratrice.	We see everything through the eyes/the thoughts of the narrator.
L'auteur emploie souvent la technique du retour en arrière, ce qui l'aide à raconter au lecteur d'une manière naturelle les événements passés.	The author often uses the flash-back technique, which helps him/her to relate past events in a natural way.
Dans cet épisode est révélé le côté tragique du personnage.	In this episode the tragic side of the character is shown.
Dès le début de la pièce il crée le mystère et le spectateur ou le lecteur est impatient d'en connaître le dénouement.	From the beginning of the play he creates a sense of mystery and the spectator or the reader is impatient to know the outcome.
Dans une pièce où domine le comique la dernière scène est par contraste très émouvante.	In a play in which comedy predominates, the last scene is, by contrast, very moving.
Un des thèmes les plus importants de l'œuvre de cet auteur est le rôle que joue le hasard dans la vie des gens.	One of the most important themes in this author's work is the role that chance plays in people's lives.

5 | *Setting the scene*

Les événements de ce roman ont lieu dans une région isolée de la France.	The events of this novel take place in a remote area of France.
Dès la première page on est plongé dans l'intrigue.	From the first page we are immersed in the plot.
Cette histoire se déroule dans un grand port d'Algérie.	This story takes place/unfolds in a large Algerian port.
Cet épisode se situe vers le milieu du roman juste au moment où le héros retrouve la femme qu'il aime et qu'il a crue morte.	This episode occurs in the middle of the novel at the very moment when the hero finds the woman he loves and thought was dead.
La description du village banal au début du roman contraste avec celle du château mystérieux.	The description of the ordinary village at the beginning of the novel contrasts with the description of the mysterious château.